伟大城市
The Great City

纽约

一个伟大城市的故事

NEW YORK

THE STORY OF A GREAT CITY

[美] 莎拉·M.亨利 著

王树良 张玉花 译

中国友谊出版公司

图书在版编目（CIP）数据

纽约 /（美）莎拉·M.亨利著 ；王树良，张玉花译
. -- 北京 ：中国友谊出版公司，2018.6（2020.5重印）
（一个伟大城市的故事）
书名原文：NEW YORK：THE STORY OF A GREAT CITY
ISBN 978-7-5057-4353-3

Ⅰ. ①纽… Ⅱ. ①莎… ②王… ③张… Ⅲ. ①城市史
-纽约 Ⅳ. ①K971.2

中国版本图书馆CIP数据核字(2018)第059943号

著作权合同登记号 图字：01-2018-3834

New York：The Story of a Great City

First published by Andre Deutsch，a division of the Carlton Publishing Group

书名 纽约：一个伟大城市的故事
作者 [美]莎拉·M.亨利
译者 王树良 张玉花
出版 中国友谊出版公司
发行 中国友谊出版公司
经销 新华书店
印刷 辽宁虎驰科技传媒有限公司
规格 710×1000毫米 16开
20.5印张 255千字
版次 2018年9月第1版
印次 2020年5月第2次印刷
书号 ISBN 978-7-5057-4353-3
定价 98.00元
地址 北京市朝阳区西坝河南里17号楼
邮编 100028
电话 （010）64678009

如发现印装质量问题，可联系调换
电话 （010）59799930-601

从新泽西（New Jersey）眺望纽约市部分天际线。帝国大厦（Empire State Building）高耸于纽约曼哈顿(Manhattan)中城的其他建筑间。

塞缪尔 · H. 戈特乔 (Samuel H.Gottscho) 在布鲁克林中心区的圣乔治酒店（St. George Hotel）拍摄了这张照片。视野向西北方向伸展至东河（East River）、布鲁克林大桥（Brooklyn Bridge）、曼哈顿大桥（Manhattan Bridge）和曼哈顿中城。帝国大厦在天际线中间，克莱斯勒大厦（Chrysler Building）则居于其右。

LASH BEGINS IN 3D
OF THE TITANS
APRIL 2
ALSO PLAYING IN 2D
7 TONY AWARDS
BEST MUSICAL REVIVAL
SOUTH PACIFIC
PALACE
WEST SIDE STORY
CHICAGO
OPEN 24 HOURS
WHERE MAXIMUM PERFORMANCE LIVES
maxell
WEST SIDE STORY
WEST SIDE STORY
MONEY EXCHANGE
McDonald's

MAMMA MIA!
TOSHIBA
REGZA
Kodak
Kodak
I'm a
MARCH 27

目 录 CONTENTS

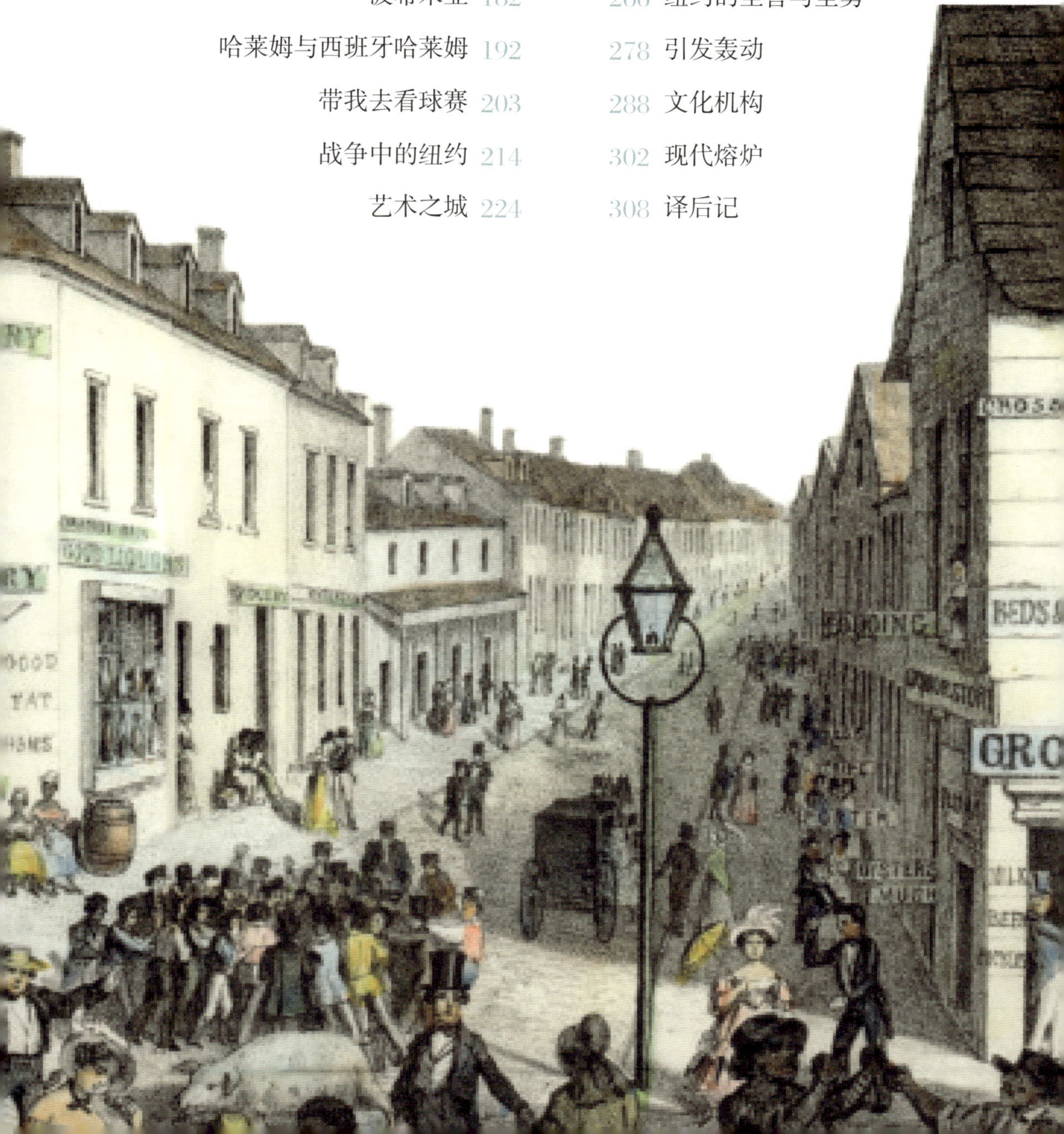

纽约市最著名的雕像，名为《自由照亮世界》（*Liberty Enlightening the World*），象征着纽约，也象征着这里是移民避难所，是法国人民为纪念美法两国人民友谊而赠送的礼物。1880年由雕塑家弗雷德里克－奥古斯特·巴托尔迪（Frédéric-Auguste Bartholdi）设计制作，1886年10月送往纽约港（New York Harbor）的白德路岛（Bedloe's Island，1956年改名为自由岛）。

NEW YORK

THE STORY OF A GREAT CITY

前言

如何成就一座伟大的城市？正如本书所说的那样，纽约在将近400年的历史长河中逐渐发展壮大，从一个仅有来自本土、欧洲和非洲的几百人口的小殖民地，成长为历史上最为重要的中心城市。今天的纽约不仅是美国最大的城市，其人口密度和多样化程度也是美国最高的。尽管它曾经的政治中心地位只持续了很短的时间，但纽约已成为全美最重要的港口、商业金融中心、最大的工业中心和文化中心，还是闻名世界的“移民一代”来美的首要落脚地。

纽约的发展得益于多方面因素，首先，它地处世所罕见的大型天然港口，位于滔滔大河之畔。但是，野心勃勃的纽约人运用多种工具对这些景观进行了改造：他们填海来打造海岸线、计划着有发展前景的网格街道模式、开发神奇的重力给水系统和修造了举世瞩目的长达363英里的运河，使纽约成为连通美国中西部产粮区和欧洲财富市场的关键枢纽。从19世纪中叶开始，他们还启动了更为宏大的计划来完善基础设施，助力纽约升级为世界级城市：他们创造了至今闻名世界的公园和文化设施；把附近的卫星城发展成为包含五个区的大都市；建造了桥梁、隧道和大型地铁系统来连接岛群城市；建造出打破高度纪录的摩天大楼和便于汽车行驶的公路系统；在所有区内开发大型居住区；打造了全美首个公共居住用房工程和一个大规模的公园系统。进入21世纪，历史的车轮持续转动，城市建设开始聚焦在可持续性计划和如何

TIMES SQUARE—THE GREAT WHITE WAY

在 2030 年之前为即将增加的 100 万人口安置住房的问题上。

当然，这座城市的活力不仅仅归功于它的人造环境，还要归功于居住在此的人们的工作、能量和创造力。来自不同阶层的市民定义了这座城市的属性："街区之城"的独特标签、活力十足的街道文化、突破传统的态度和时常好战斗勇的政治倾向。几百万的新老移民在将近四个世纪的进程中进驻纽约街道，建造了这座城市。也是这些移民孕育了纽约多样的文化，不仅仅通过他们各自本身的能力，更要归功于他们之间创造性的、偶尔激烈的交流。今天，纽约的移民和人口比以往更加多样化，纽约人用百年之前难以想象的方式，持续地改造着他们的城市，对之进行不断地更新，使之成为地球上最为激动人心的地方。

纽约市立博物馆倾尽全力发掘出足以定义这座伟大城市的几项特质：多样性、机会和永恒的变革过程。我们很荣幸能对纽约的历史进行新的阐述：《纽约：一个伟大城市的故事》选辑了博物馆丰富的报刊合集、摄影作品和名画，另外还收集了纽约历史性的瞬间、服装和装饰艺术作品。纽约的故事绝对惊艳世人，诚邀您到博物馆或登录 collections.mcny.org 来翻阅和探索书中的纽约。

苏珊・亨肖・琼斯

罗纳伊・梦赛尔馆长，纽约市立博物馆

上页图《纽约画报》(*New York Illustra-ted*)中的一幅图，创作于1930年。画中呈现了"不夜街"（The Great White Way）——时代广场（Times Square）。这个别称始于1901年，出自知名的广告设计师 O.J. 古德（O.J.Gude），他描绘了百老汇大街（Broadway）两侧令人神往的新光秀。

新阿姆斯特丹与纽约

纽约市区最初由阿尔冈（Algonquian）语系民族居住和占有，他们称自己为莱纳佩人（Lenape，或伦尼莱纳佩人，意为“真正的人”）。成百上千原住民居住的季节性村庄和营地遍及今天的五个区；他们耕种、渔猎，刀耕火种，开垦土地，他们用世代传承的名字称呼自己、定居点以及他们利用的土地，例如卡纳西（Canarsee）、高瓦纳斯（Gowanus）、马斯佩斯（Maspeth）、拉瑞坦（Raritan）和曼娜哈特（Mannahatta，多山的岛屿）。

第一批欧洲人在向西探索印度、中国和香料群岛（Spice Islands）财富的路途中意外抵达了纽约。意大利探险家乔瓦尼·达·韦拉扎诺（Giovanni da Verazzano）受法国王室的任命于1524年在北美东海岸探寻通往太平洋的航线，旅途中偶然航行至今天的纽约湾（New York Bay）。85年后，英国探险家亨利·哈德逊（Henry Hudson）违背荷兰雇主的命令，没有按其指示沿俄罗斯北海岸向东北方航行至新阿姆斯特丹和纽约，而是跟随直觉中的最短航程行驶，认为一路向西即可到达太平洋。1609年9月，他进入纽约湾，沿着一条某一天可能以他命名的河流溯江而上，在他尚未找到预期路线之前就已远达现今为奥尔巴尼市（Albany）的地方。

哈德逊的报告涉及对大量海狸和其他种类毛皮动物的介绍，其中也指出许多印第安人的交易需求，这些内容激发了荷兰雇主的强烈兴趣。他们很快在曼哈顿岛和上游区域建立了贸易点，最终，

右图 这个 17 世纪的荷兰女帽的捐赠者，来自新阿姆斯特丹的巴伦特 · 雅各布茨 · 库尔 (Barent Jacobsz Cool，1610 年) 家族，库尔曾经在过磅处做过工人，也在城里的公共商店里当过搬运工。

荷兰的西印度公司（West India Company，简称 WIC）在荷兰政府的特许下将这片地区开拓为他们的殖民地。这可以视作对抗英国的一个防御措施，因为当时的英国正忙于在周边区域宣示其主权。“新尼德兰”（New Netherland）是荷兰对其殖民地的命名，其地域范围大约北至康涅狄格河（Connecticut River）南至特拉华河（Delaware River），并且开始出现在荷兰地图上。

1626 年，彼得 · 米纽伊特（Peter Minuit）总督声称用价值 60 荷兰盾的货物从美国原住民手中购得曼哈顿岛（历史学家们为突出传奇色彩，大约 300 年后将这个数字改为 24 美元），不久，曼哈顿岛就开始作为公司贸易点而发展成为新阿姆斯特丹（New Amsterdam）。

城镇和殖民地发展缓慢，直到 1640 年西印度公司放弃了对皮毛贸易的垄断地位，允许企业移民进入商业市场，情况才有所转变。居住者的多样化比例相较于最初有了很大提升，不仅有荷兰人，还有瓦隆人（Walloons）、胡格诺派教徒（Huguenots）、瑞典人、英国人，以及数量虽小但一直在增加的非洲奴隶。

根据一个曾经访问过这个城镇的法国传教士的说法，直到 1643 年，在规模微小的新阿姆斯特丹的街道上已经能够听到 18 种不同的语言。总督彼得鲁斯 · 斯特伊弗桑特（Petrus Stuyvesant）于

上图 在亨利·哈德逊到达之前，一个莱纳佩人居住地在 19 世纪大概的模样。当地人居住在季节性营地里，可能就聚集在现在的英伍德 (Inwood)、上东城区 (Upper East Side) 和曼哈顿下城区 (Lower Manhattan)。

1838 年阿舍·B. 杜兰德（Asher B. Durand）的画作——《彼得鲁斯·斯特伊弗桑特面前炮台公园中的舞蹈》（*Dance on the Battery in the Presence of Peter Stuyvesant*），描绘了虔诚的加尔文教徒（Calvinist）总督，也就是图中那位有一只木腿的人，他厌恶地看着一位近期从荷兰来的年轻女士炫耀着她的短裙。

Petrus Stuijvesant:

上图 总督彼得鲁斯·斯特伊弗桑特在1664年公有土地转让证书上的签名。他把布鲁克林的一片土地转让给了珍珠街（Pearl Street）的托马斯·兰伯特斯（Thomas Lambertse）。

1647年接管此地，目睹了殖民地与印第安人灾难性冲突之后的发展壮大。这场冲突以“基夫特将军之战”（General Kieft's War）闻名，基夫特把宗教多样性视作社会秩序和公民团结的威胁，并且驱逐犹太人（Jews）和贵格会信徒（Quakers）。不过，他的雇主最终返回荷兰共和国，强迫他接受多样的宗教，这场冲突因而缓和下来。

上图 1660 年，新尼德兰的测绘局长雅克 · 科特柳（Jacques Cortelyou）为荷兰西印度公司的董事们拟定了详细的新阿姆斯特丹规划布局。这个地图是根据 1667 年的版本绘制的，该版本约 250 年后在意大利被发现，根据它的发现地——卡斯特洛庄园 （Villa Castello），人们把它命名为“卡斯特洛计划”。在地图的右侧边缘可以看到城市北端的城墙，华尔街就是根据此墙命名的；在地图的左侧是阿姆斯特丹堡（Fort Amsterdam）和殖民地的风车。

哥谭和它的尼克博克们

纽约有很多别名——大苹果（Big Apple）、娱乐城（Fun City）、帝国城（Empire City）。但是没有一个别名比“哥谭”（Gotham）流传更为持久，更有感召力。“哥谭”这个别名是由讽刺作家华盛顿·欧文（Washington Irving）等人开始使用的，起初它是一种讽刺（在英国民俗里，“哥谭”是愚人村，尽管是“聪明的愚人”）。纽约人骄傲地使用这个别名，显然没有被其背后蕴含的鄙视含义所影响。

欧文也创造了另一个经久不衰的别名——“尼克博克”（Knickerbocker，代表着一个典型的纽约人，现在使用在纽约的尼克斯篮球队和其他地方的名称中）。“尼克博克”指的是迪德里克·尼克博克（Diedrich Knickerbocker），一位被欧文杜撰出来的“历史学家”，他是欧文1821年的讽刺书籍——《自古至荷兰占领为止的纽约史》（*A History of New York from the Beginning of the World to the End of the Dutch Dynasty*）的讲述人。尼克博克对荷兰籍纽约人的刻画是虚构的，但这至今仍在广泛塑造着新阿姆斯特丹的生活信念。

独立战争中的纽约

在独立战争危机出现的前夕，纽约市和英国的关系非常紧密。事实上，在美国独立战争的进程中，很多忠于英国的纽约市民反对乔治·华盛顿将军（General George Washington），支持国王乔治三世（King George III）与革命人士斗争。鉴于此种情况——而且纽约的港口具有重要的战略地位——所以英国军事首脑最终选择入侵纽约，并将其作为收回“起义殖民地”的起点，这种做法在情理之中。

华盛顿将军对此并不意外，他把部队从马萨诸塞州（Massachusetts）派遣到了纽约。1776 年 4 月 13 日，在英国人撤离了波士顿之后，华盛顿还有他的增援军抵达了纽约，因为他们相信纽约会成为英国人的下一个攻击目标。华盛顿的猜想是正确的。6 月末，在将军威廉·霍威（William Howe）爵士的命令下，大约 9000 名英国士兵抵达了纽约港口。7 月 2 日，他们占据了斯塔滕岛（Staten Island）。同一天，纽约成为费城唯一一个弃权投票赞成独立的殖民地。

然而，在纽约发生的事件迅速地把很多托利党（Tories，保王派）变成了爱国人士。7 月 9 日，纽约的临时大会通过了《独立宣言》（*Declaration of Independence*）。当文件在城内和城区附近的每一个美军首脑中间传阅时，精神振奋的爱国志士涌上街头，撕下了他们身上所有的王室纹章。其他人推翻了位于鲍灵格林（Bowling

上图 在威廉 · 温斯坦利（William Winstanley）创作的乔治 · 华盛顿的经典画像中，华盛顿被描绘成独立战争中的美军统帅。

Green）的以石头为底座、镀金铅制的乔治三世骑马像，斩下了骑士的头部，用牛车把铅制的“骑士”和他的马都运送到了康涅狄格州，然后把它们熔做子弹。当牛车在向康涅狄格州的利奇菲尔德（Litchfield）前进途中，保王派人士偷了一些东西，然后把某些碎片扔到了威尔顿城（Wilton）附近的沼泽里（1972 年，一个威尔顿居民使用金属探测器挖掘出了一个雕像的碎片；该碎片现在收藏在纽约市立博物馆）。

在舰队司令理查德·霍威勋爵（Admiral Lord Richard Howe）的指挥下，英国舰队在 7 月和 8 月初陆续抵达。舰队运载了 13000 多人的增援部队，使得英国参战士兵增至 24000 名。华盛顿派遣了自己的大部分军队——数千名士兵到布鲁克林来防御布鲁克林高地（Brooklyn Heights），但是霍威将军把他很多的军队转移到了海湾对岸，8 月 27 日，他领兵与华盛顿在长岛战役（Battle of Long Island，又名布鲁克林之战）中对决。美国军队战败了，而霍威追击失败，这给了华盛顿反败为胜的机会。8 月 29 日晚，在浓雾的遮挡下，华盛顿成功地指挥全部的军队跨越了东河，抵达曼哈顿。

两周后，华盛顿决定撤离纽约市。当美国人正向曼哈顿北部的山上撤退时，英国人于 9 月 15 日在基普湾（Kip's Bay）登陆了。华盛顿领军撤退到了哈莱姆高地（Harlem Heights）。霍威将军第二天向那里的美军发起了进攻，但是美国人成功地击退了他们。为了确定霍威的下几步行动，华盛顿派了一个名为内森·黑尔（Nathan Hale）的年轻军官潜入城市。黑尔刚刚从耶鲁大学毕业，是个大陆军上尉，他脱掉制服，设法获取敌人防御工事的信息。不幸的是，在他居留被英国人占据的纽约期间，白厅码头（Whitehall Slip）附近发生了一场火灾，这是毁灭性的连串火灾的第一场，这场火灾蔓延到了百老汇（Broadway）和布罗德大街（Broad Street），向西扩散到了哈德逊河。包括三一大教堂（Trinity Church）在内的

柯里尔 & 艾夫斯（Currier & Ives）公司的画作描绘了 1783 年 11 月 25 日，英国军队撤退几小时之后，乔治 · 华盛顿胜利归来，回到纽约的情景。人们举行宴会、燃放烟火、张灯结彩兴高采烈地进行庆祝，但是城市已经伤痕累累——它大部分被火烧毁，很多居民住在窝棚里，纽约市经济发展的贸易基础摇摇欲坠。

这张 1859 年的画作描绘了 1776 年 7 月 9 日，革命人士拆毁了曼哈顿下城鲍灵格林乔治三世雕像的情景。几天后，英国舰队驶进了纽约港。他们迅速重新控制了城市，直到 7 年后战争结束才离开。

撤离日

1783年11月25日是一个举国欢庆的日子，因为英国人当日从纽约撤退了，一位愤怒的英国军人把英国国旗钉在了位于乔治堡（Fort George）的旗杆顶部。为了阻止美国人摘掉国旗，他撤掉了攀爬防滑条，另外，他还把油脂涂在了旗杆上。美国人并没有浪费时间来对抗这种卑鄙的行为。一些人带着防滑条和钉子走上前，然后一个水手男孩沿着旗杆向上爬，边爬边把钉子钉在防滑条上。当他成功地把英国国旗换成美国国旗星条旗时，人群热烈欢呼起来，附近的军队鸣放了13轮礼炮。

100多年来，撤离日在纽约一直是一个公民的节日，为了纪念这一事件，炮台公园庆祝仪式中有一个特色活动就是攀爬涂油旗杆比赛。

上图 撤离日——1783年11月25日的画作。在最后一批英国船只——载着英国军队、难民，以及获得解放的奴隶和保王派人士——消失在炮台公园人群的视野之前，美国国旗被系在了旗杆上，而英国国旗（由于当时采用了不拘一格的艺术手法，它的颜色被画错了）掉落在了地上。

数百个建筑都被摧毁了。英国人相信火灾是爱国人士故意所为，他们到处围捕盘问。黑尔在竭力返回美军的途中落入了敌军的天罗地网。黑尔被带到了威廉·霍威将军面前，即位于比克曼庄园（Beekman Mansion）的英国人总部，也就是现在第一大道和第51街的交会处。黑尔承认了自己间谍身份，翌日被绞死。据说黑尔的最后一句遗言是："我很遗憾自己只有一条生命来为国奉献。"死后人们追誉其为英雄。

10月中旬，华盛顿率领他的大部分军队撤退到了怀特普莱恩斯（White Plains）。他只留下了不到3000军队驻守华盛顿堡——位于现在的第184大街。英国人在11月份攻击了城堡，所有幸存的美国人都成了战俘。整个曼哈顿岛那时都由英国人掌控。乔治·华盛顿一生最大的败仗之一就是这次纽约被英国军队攻占。

纽约在英国人的占领下，在接下来长达7年的战争中一直保持戒严状态。来自周围地区和其他殖民地的保王派人士成群结队地涌入城市，还有那些寻求自由，成功逃脱了的奴隶也涌入了城市，因为此前英国人曾保证只要他们支持国王，他们就能获得自由。英国人直到1783年11月25日签署了《巴黎条约》（Treaty of Paris）后才离开。同一日，在纽约市长乔治·克林顿（George Clinton）的陪同下，华盛顿将军胜利而归，回到了曼哈顿。他发现城市深受重创，人口数只为战前的一半。很多市民逃跑了，现存的居民十分贫穷且营养不良。两场大火烧毁了很多的建筑物。华盛顿将军为人民打气，为城市的未来祈愿，他说道："愿纽约永远平静；愿残垣得修；经济繁荣；科学进步；愿所有的公民与社会美德都能以同样显著的方式被珍视，因为这些美德之前给纽约市民带来了如此多的荣誉……"

日益增长的经济实力

在美国独立战争之后的几十年里，纽约成了美国新的贸易和金融商业中心。1789 年，当乔治·华盛顿在联邦大厅（Federal Hall）的阳台上宣誓就职，纽约暂时作为联邦首都时，费城还是领

先的港口城市和人口中心。但未来是属于纽约的，到 1797 年，纽约已经超越费城，成为美国的主要海港；而到 1810 年时，它已经是人口最多的城市了。商人利用法国革命和拿破仑时代的战争，作为“中立运营商”扩大他们的海外贸易，损害了英国和法国的航运对手的利益。在英国报复美国货船后，杰弗逊总统 1807 年的对外贸易禁运事与愿违，使得城市经济陷于瘫痪。一位观察家记录道：“沿海附近的街道几乎都废弃了，码头上开始杂草丛生……”然而，这座城市的经济迅速反弹，在 1812 年战争之后进入了史无前例的发展和繁荣时期。

作为第一任财务部长（1789—1795），纽约人亚历山大·汉密尔顿（Alexander Hamilton）设想过这座城市的发展。汉密尔顿关

下图1855年从百老汇到格林威治街（Greenwich Street）的自由大街（Liberty Street）景象，图片展示出新型建筑扩宽了街道，将荷兰殖民地建筑的残余一扫而空。街边热闹的人群和种种迹象都表现了该区域生机勃勃的商业生活。

上图 纽约市曼哈顿下城区金融区南端的炮台公园
春暖花开。拍摄于 2008 年 5 月。

于由中央银行支持联邦联盟的想法，以及设立进口税和投资政府证券的观点对城市经济发展都很有利，因为这座城市的经济依赖于海上贸易和金融。与汉密尔顿的设想一致，1792 年，贸易商们聚集到华尔街的一棵梧桐树下，成立了一个协会；该协会日后发展成了纽约证券交易所（New York Stock Exchange）。到 19 世纪 30—40 年代时，随着美国和欧洲的投资商们越来越依赖曼哈顿投资公司，通过投资公司管理他们投入运河公司、州政府和铁路的股票及债券，“华尔街”一词进入了跨大西洋词汇，纽约成为美国经济的新兴金融发动机。

经济发展的同时，种族多样性和社会矛盾也相随而来。纽约州直到 1827 年才废除奴隶制；然而在那之后，这座城市自由的非裔美国人仍然受到种族歧视。与此同时，欧洲移民——爱尔兰人、德国人以及英国人大量地涌入，导致纽约的劳动力迅速膨胀，而且在过度拥挤的工人阶级社区造成了一种贫穷的公众形象，如五点区（Five Points）和班克街（Bancker Street）。到 1847 年，前市长菲利普·霍恩（Philip Hone）痛惜纽约正沦落为“欧洲的大城市”，被“穷奢极欲和穷困潦倒两种极端”摧残着。犯罪、暴乱和街头暴力湮没了由很多移民创造的稳定社区和家庭生活。

人口增长也确实扩展了城市的传统边界。1803 年修建新的市政厅（City Hall），市议会出钱用褐色砂石包装建筑物的背面，而不是大理石，显然认为城市的郊区在之后几年里仍会人烟稀少。然而，另一些人则预料到曼哈顿岛的长度会迅速且深远地扩张。国家委员会于 1808—1811 年对该岛进行了调查，强调了未来直线街道的网格状，保证卫生、运输、贸易和房地产交易，即使它要占据岛上的丘陵、山谷、池塘和溪流。事实证明这种计划是有先见之明的。到 1823 年，纽约市已经兼并了格林威治村（Greenwich Village）的旧郊区；到 1855 年，城市固定的郊区已经向北延伸到了第 34 街和更远的地方。同时，受城市经济的影响，布鲁克林和

上图 由艺术家安东尼 · 安贝尔特（Anthony Imbert）在 1825 年画下的这幅帆船作品，如画中描绘的一样，庆祝同年伊利运河的开幕。近 2 万人聚集在海岸线上观看船队通过港口，迎接“塞内卡首领”（Seneca Chief）——第一条运行整整 400 英里水路的运河船。

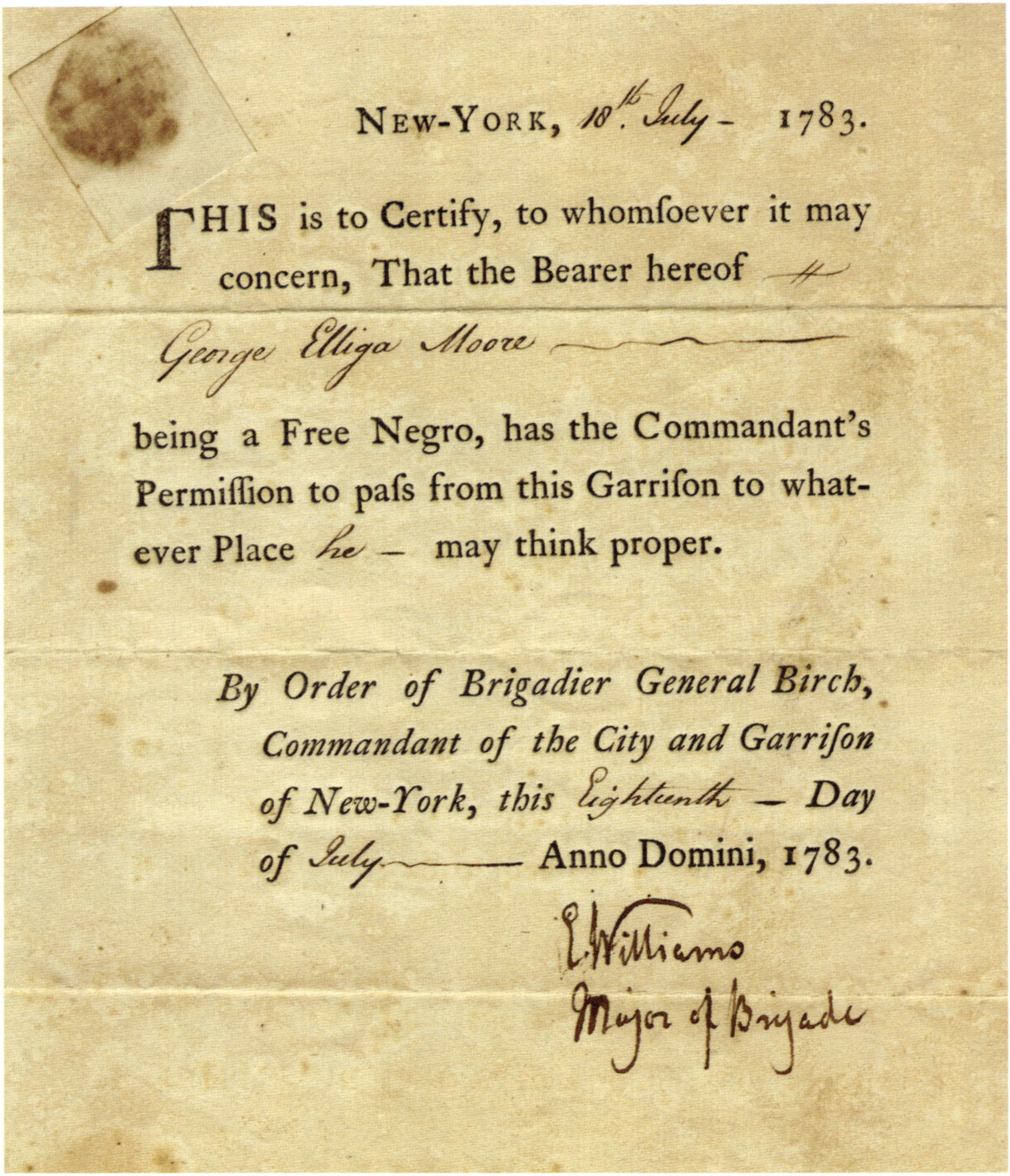

NEW-YORK, 18th. July - 1783.

THIS is to Certify, to whomſoever it may concern, That the Bearer hereof George Elliga Moore being a Free Negro, has the Commandant's Permiſſion to paſs from this Garriſon to whatever Place he may think proper.

By Order of Brigadier General Birch, Commandant of the City and Garriſon of New-York, this Eighteenth *Day of* July Anno Domini, 1783.

E. Williams
Major of Brigade

上图 在奴隶制其间，不管是被奴役的还是自由的非洲人和非裔美国人都必须携带通行证。该通行证由纽约市和驻军的司令官签署，允许一名叫作乔治 · 埃利加 · 摩尔（George Elliga Moore）的自由黑人离开驻军；那天是 1783 年 7 月 18 日，正是美国独立战争其间英国对纽约的控制逐渐衰弱的时候。

威廉斯堡（Williamsburg）的东河以及泽西市（Jersey City）和霍博肯（Hoboken）的哈德逊河对岸也有郊区涌现。

繁荣的大都市塑造了充满活力的文化生活和城市景观的新世界。在百老汇的旅馆里，世界各地的游客和南方来的商人聚集在镇上购买珍珠街（Pearl Street）纺织品进口商的织物。炮台公园和市政厅公园都被游客和当地人用作“散步长廊”。纽约也正变成一个新意涌动的城市，在这里，华盛顿·欧文（Washington Irving）和其他作家在莎士比亚酒馆（Shakespeare Tavern）集思广益，而纽约大学的一位教授塞缪尔·芬利·布里斯·摩尔斯（Samuel Finlay Breese Morse）则在电报和摄影方面开拓创新取得突破。一些特别事件，如 1824 年革命英雄侯爵马贵斯·拉法叶（Marquis de Lafayette）的到来和 1825 年标志着伊利运河（Erie Canal）完工的盛大庆典，变成了精心准备的游行和表达当地人自豪感的场合。纽约也变成国家出版和新闻业的主要城市。19 世纪 30—40 年代，《太阳报》（*Sun*）的本杰明·戴（Benjamin Day）、《先驱报》（*Herald*）的詹姆斯·戈登·本内特（James Gordon Bennett）和《论坛报》（*Tribune*）的霍勒斯·格里利（Horace Greeley）联合创造了“便士报”（penny press），将日报改造为一种便宜廉价的工具，为数百万城市读者提供犯罪新闻、社会报告、体育赛事和政治观点。

到 1853 年，当水晶宫展览 [今布赖恩特公园（Bryant Park）] 所在地展示着美国和欧洲制造商、发明家和艺术家的成就时，纽约确实可以自称是“帝国城市”，是这个国家的金融、工业、贸易和文明中心。难怪诗人和新闻记者沃尔特·惠特曼（Walt Whitman）将城市描述为“美洲的圣地，新大陆的心脏、大脑、焦点、主源头、巅峰和顶端，不会被超越”。

Painted on the spot by
Nicolino Calyo

1835 年纽约大火

1835 年 12 月 16 日晚上，一场可能由煤气泄漏引起的火灾在曼哈顿下城区商街（Merchant Street）的一个办公室爆炸。火势迅速蔓延到几十个相邻的会计室和仓库。由于消防栓结冰难以打开，消防人员只得从东河抽水；但是火势太过凶猛，他们的努力只是杯水车薪。到第二天早上，已有 674 栋建筑物变成废墟，包括华尔街上宏伟的商户交易所（Merchants' Exchange）（自 1827 年起商户们就一直将它作为会议地点）。尽管只有两人在火灾中不幸死亡，这也说明工作时间之后商业区的冷清，但是财产损失，共计达到两千万美元。

1835 年的火灾规模之大前所未有，一夜之后烧毁了这座城市许多最古老的建筑物，让商人和经纪人难以置信。菲利普·霍恩将其描述为“美国发生过的最可怕的灾难”。然而，一个复苏的商业区，包括一个重建的商户交易所像涅槃凤凰一样重新崛起。一年后，霍恩报告说，“作为城市繁荣的证据，重建后的整个城市比以前更辉煌”。但是，火灾破坏仍是一个无所不在的威胁，仅在 1837—1848 年间，纽约就发生了超过 2500 起火灾。

纽约港

1609 年 9 月，亨利·哈德逊的“半月”（Halve Maen）号上一名官员罗伯特·尤特（Robert Juet）描述这艘船登陆在“一个条件优良的港口……那里绿草如茵，鲜花绽放，树木繁盛”。在随后的几百年里，纽约成了美国（之后是整个世界）最繁忙的港口。在自然条件上，纽约具有与生俱来的优势：上湾避开了海上的风暴和雾气；锚地够宽够深；可经由哈德逊河抵达北方荒野，也可以通过东河到达长岛海峡（Long Island Sound）；还有 578 英里海滨的海岸线。移民和水手在这片天然地基上定居，建造码头和仓库，开发出带有垃圾填埋区的海岸线。这座城市历史上的每一个重要因素——从贸易和移民到金融、工业和文化生活——都将与纽约的港口身份紧密相关。

在荷兰人和英国人的统治下，商人和海员开拓了穿越大西洋和加勒比海的贸易线路，向哈德逊谷（Hudson Valley）销售皮草、木材、谷物和售给欧洲商人的面粉、西印度糖以及非洲奴隶。东河海滨成为殖民港口的商业焦点。美国独立战争后，纽约商人率先开展与中国的贸易，主导了南方的棉花出口；他们还把美国的

1931 年开放的乔治 · 华盛顿大桥（George Washington Bridge），图为一年后塞缪尔 · 戈特乔（Samuel Gottscho）拍摄的一张照片，它是新泽西州和纽约市之间唯一的桥梁，也是第二个车辆通行要道（第一个是荷兰隧道，即 Holland Tunnel）。

在这幅柯里尔＆艾夫斯公司印品中，5 个人从新开放的布鲁克林大桥的塔顶眺望纽约港口。水面上桨船、轮船和帆船来来往往；从地平线上可以看见新泽西，但自由女神像（Statue of Liberty）不在那里。1886 年后，柯里尔＆艾夫斯公司修订了该作品，以展示新的地标。

上图 由许多小船组成的船队横跨纽约港（New York Harbor），庆祝美国独立纪念日（每年 7 月 4 日）。

McDonald's

上图 贝伦尼斯·阿博特（Berenice Abbott，1898—1991 年）所拍摄的纽约正在发展的海滨，这是她经济大萧条时期系列作品《发展中的纽约》（*Changing New York*）的一部分。

上图 富丽堂皇、装备齐全的轮船使得这个奶油色陶罐熠熠生辉，上面题写着“纪念乔治·华盛顿”。

原材料运往利物浦（Liverpool）和其他的欧洲港口，带回了硬件、纺织品、奢侈品和移民。伊利运河（在州长德威特克林顿支持下建于1817—1825年）横跨纽约州，全长363英里，从哈德逊河直抵伊利湖（Lake Erie），使纽约成为东海岸和中西部之间贸易的指挥港，也巩固了纽约在美国商业经济中的领先地位。

这种贸易影响着城市日常生活的各个方面。在海滨市场和滑道（城市街区之间的狭窄水湾），工人和办事员从船上卸下大量水果、肉类、鱼类和其他食品，出售给零售商和顾客。在科尔莱尔斯胡克（Corlears Hook）、威廉斯堡和绿点区（Greenpoint）的造船厂，船员们发现了大量的单桅帆船、纵帆船、三桅船，其他

下图 商业名片主要是用于广告宣传，之后也变成一种纪念品。这种卡片促进了新型飞剪帆船的“迅速宣传”；这艘船以一个历史名人命名，且沿用了从纽约到旧金山的航线。

上图 费兹 · 亨利 · 莱茵（Fitz Henry Lane），他经常将自己的签名写为“费兹 · 休”（Fitz Hugh），是 19 世纪最著名的美国海洋画家之一。图为 1853 年他所描绘的满帆的飞剪帆船“彩票”（Sweepstakes）号。

商用和娱乐性船只。布鲁克林海军建筑师乔治·斯蒂尔斯（George Steers）设计了美国游艇，在1851年赢得了之后著名的“美国杯”。更重要的是，远洋船仍然是这座城市经济的主力军。海上贸易带来了巨大利益，促进了城市劳动力、房地产市场、金融增长、文化赞助和慈善事业的发展。从19世纪20年代起，纽约海关的收入承担起了联邦政府大部分的预算；港口收入也使得州长德·威特·克林顿（De Witt Clinton）保持着较低的州税。

与此同时，纽约人也率先进入了蒸汽时代。1807年，发明家罗伯特·富尔顿（Robert Fulton）发明了第一艘蒸汽船，从曼哈顿试行到奥尔巴尼； 到1815年，穿过东河和哈德逊河的蒸汽驱动渡轮使乘客能够抵达布鲁克林的郊区、霍博肯和泽西市。第一批跨大西洋的轮船“天狼星”（Sirius）号和“大西部”（Great Western）号，1838年从英国到达纽约，开启了航海旅行的新纪元，也意味着帆船的最终消逝。蒸汽船也影响了移民，它将统舱（甲板下面的三等舱）在大西洋上的航行时间从大约一个月减少至两个星期，也为19世纪末和20世纪初从欧洲南部和东部到纽约的移民浪潮提供了交通工具。在社会等级的另一端，富裕的旅客们紧跟时尚，在豪华的远洋班轮——停泊在西岸（West Side）码头的“浮动酒店”上享受着航行。到第二次世界大战时，纽约是世界上最繁忙的港口。

1969 年，作家简・莫里斯（Jan Morris）如此写着“在世界最遥远的角落，某艘船进入纽约港口，进入摩天大楼的阴影之下，这幅景象将会产生一种受人认可的和谐感”。

但 20 世纪晚期发生了混乱的变化。在 20 世纪 60 年代，集装箱船因为体量太大，不能停靠在城市码头，只好改用在新泽西的纽瓦克湾（Newark Bay）建造的新港口设施。自动化大幅度地削减了码头装卸工人的工作机会。高昂的劳动力成本和将货物从码头运到附近高速公路的难度也阻碍了城市的海上业务，尤其是同时还有其他美国港口与其争抢着更大份额的水运贸易。喷气式飞机旅行也减少了人们对远洋轮船和移民船舶的需求。1989 年，纽约失去了其作为国家领先港口的地位——自 17 世纪 90 年代以来它一直保持这个地位，如今转交给了洛杉矶港。到 2004 年，纽约的排名落到第 20 位。然而近年来，因为经由巴拿马运河从亚洲来的集装箱船的运输贸易急剧增长，纽约新泽西港已经开始复兴。即便是在 400 年后，纽约作为大港口的海上地位已经很难动摇，它的地域从东河延伸到纽瓦克港再到新泽西州的伊丽莎白市。

由柯里尔＆艾夫斯公司展示的印品，飞剪帆船曾是海上女王，素以豪华美丽和高速闻名。此处展示的是满帆的“宇宙”（Cosmos）号。

定期邮船和飞剪帆船

19 世纪纽约在商业、旅游和移民的巨大优势离不开两个重要的创新：定期邮船和飞剪帆船。1818 年，纽约的商人们开启了黑球航线（Black Ball Line）公司的邮船，定期往返于纽约和利物浦之间。以前，不管广告上的航行时间如何，货船都是在船长的命令下开船。而黑球航线的邮船和它们的模仿者则向商人们保证一个可预知的时间表，并在跨大西洋和沿海货运中占据了主导地位。反过来，纽约的邮船成为主要的移民船只，有上千移民——尤其是逃离马铃薯大饥荒（1845—1853）的爱尔兰人，坐上定期邮船的统舱（甲板底下）离开利物浦，前往东河。

另一个创新是飞剪帆船：一种极为狭窄且呈流线型的船体支撑着大量的帆，使得船舶能在经由南美洲南端合恩角（Cape Horn）去往太平洋、加利福尼亚和中国的途中高速行驶。在巴尔的摩、东波士顿、英国以及纽约的造船技师们在其发明过程中发挥了重要作用。到 19 世纪 40 年代末，飞剪帆船使得南街（South Street）的商人们，如 A.A. 洛（A. A. Low），在向美国进口茶叶和其他中国货物的贸易中遥遥领先。这种帆船在将“淘金者”（Forty-Niners）从纽约运往旧金山时也发挥了重要作用，而且创造了其他帆船望尘莫及的行驶速度纪录。半个世纪以来，来往于纽约的飞剪帆船使得美国各地的人充满想象力和自豪感，直到蒸汽机的高速和经济性致使它们被淘汰，退出历史舞台。

科学与发明

纽约一直都是一个充满新思想的地方。历史上各种文化的融合，纽约本身的人口密度，人们对金钱的追求，以及美国人对更多、更大、更好的显而易见的渴望，使纽约成为迅速发展和瞬息万变的沃土。要把从纽约的实验室和工作坊里产生的发明和科学突破一一列举出来几乎不大可能——毕竟它们包罗万象：从蒸汽船到无线电传输、复印、电话、晶体管、激光，甚至还有卫生纸。

纽约很多伟大的发明都来自为其特殊的地形和地理位置所造成的限制提供解决方案。曼哈顿相对较小的地理面积使不断膨胀的工业和密集的人口都面临挑战，而且这种情况一直在持续。例如，人们需要方便地获取卫生干净的饮用水和消防用水，这种需要引起了城市供水的革命化。为容纳密集的人口，被污染的池塘和湖泊被建筑物掩盖；曼哈顿下城区井水的污染迫使这座城市不得不从布鲁克林引入干净的水。

1799 年，亚伦·伯尔（Aaron Burr）获得国家特许，开发了一个供水系统，供应淡水到曼哈顿下城区。伯尔的曼哈顿公司资助建立了一个水管和水库系统。这份特许还包括一个条款，允许曼哈顿公司以任何合法的方式使用多余的资金；伯尔利用这个条款成立了一家银行——如今摩根大通的前身之一。曼哈顿公司的供水系统最终还是不能满足饮用水或消防用水的需求。1842 年，纽约市完善了克罗顿水库系统，它以 40.5 英里长的水道每天可依靠

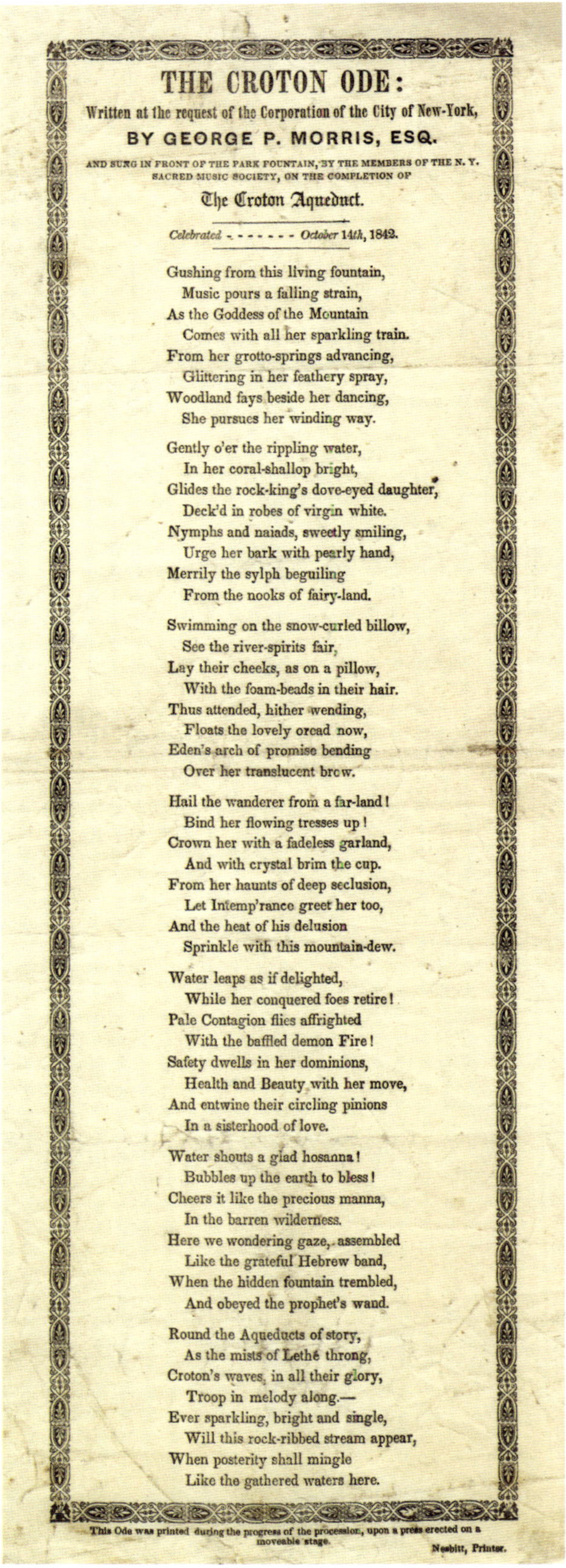

THE CROTON ODE:

Written at the request of the Corporation of the City of New-York,

BY GEORGE P. MORRIS, ESQ.

AND SUNG IN FRONT OF THE PARK FOUNTAIN, BY THE MEMBERS OF THE N. Y. SACRED MUSIC SOCIETY, ON THE COMPLETION OF

The Croton Aqueduct.

Celebrated - - - - - - - - *October* 14*th*, 1842.

Gushing from this living fountain,
Music pours a falling strain,
As the Goddess of the Mountain
Comes with all her sparkling train.
From her grotto-springs advancing,
Glittering in her feathery spray,
Woodland fays beside her dancing,
She pursues her winding way.

Gently o'er the rippling water,
In her coral-shallop bright,
Glides the rock-king's dove-eyed daughter,
Deck'd in robes of virgin white.
Nymphs and naiads, sweetly smiling,
Urge her bark with pearly hand,
Merrily the sylph beguiling
From the nooks of fairy-land.

Swimming on the snow-curled billow,
See the river-spirits fair,
Lay their cheeks, as on a pillow,
With the foam-beads in their hair.
Thus attended, hither wending,
Floats the lovely oread now,
Eden's arch of promise bending
Over her translucent brow.

Hail the wanderer from a far-land!
Bind her flowing tresses up!
Crown her with a fadeless garland,
And with crystal brim the cup.
From her haunts of deep seclusion,
Let Intemp'rance greet her too,
And the heat of his delusion
Sprinkle with this mountain-dew.

Water leaps as if delighted,
While her conquered foes retire!
Pale Contagion flies affrighted
With the baffled demon Fire!
Safety dwells in her dominions,
Health and Beauty with her move,
And entwine their circling pinions
In a sisterhood of love.

Water shouts a glad hosanna!
Bubbles up the earth to bless!
Cheers it like the precious manna,
In the barren wilderness.
Here we wondering gaze, assembled
Like the grateful Hebrew band,
When the hidden fountain trembled,
And obeyed the prophet's wand.

Round the Aqueducts of story,
As the mists of Lethé throng,
Croton's waves, in all their glory,
Troop in melody along.—
Ever sparkling, bright and single,
Will this rock-ribbed stream appear,
When posterity shall mingle
Like the gathered waters here.

This Ode was printed during the progress of the procession, upon a press erected on a moveable stage.

Nesbitt, Printer.

右图 1842 年 10 月 14 日，赞颂纽约市第一个公共供水系统克罗顿水道的赞歌在开幕式上唱响。“队伍行进时，赞歌被印在移动舞台竖立的板子上”，这足以证明该事件的意义之大。

重力从纽约北部输送 3500 万加仑的水，运抵曼哈顿的两大水库中，这是一个工程的胜利。即使在今天，从很多北部水库调水到纽约市的供水系统依然是以克罗顿水库为基础的，世界上很多这样的系统也都如此。

在纽约的岛屿周边运输人员和物资——并北上 150 英里到达州首府，都非常具有挑战性。为此，很多纽约人都致力于发展更有效的交通运输方式。罗伯特·富尔顿不仅彻底改革了纽约的交通，也改革了全世界的。1807 年，完成自己蒸汽船“北河汽船”（North River Steamboat，之后更名为“克莱蒙特”）的初航之后，富尔顿自豪地记录下了它是如何“迎着大风超越了很多单桅帆船和纵帆船，仿佛他们一直停泊未动似的”。

连接城市各个区的愿望一直是影响纽约整个交通运输业的决定因素。布鲁克林大桥起初是由德国移民约翰·奥古斯都·罗布林（John Augustus Roebling）设计的，1883 年完工。这是工程天才的一个壮举，主桥身长为 1595.5 英尺。它是第一批解决空气力学问题的桥梁之一，其开放式的桁架结构支撑着桥面行车道，此桥面比罗布林认为的必要强度还要牢固六倍。到 1903 年之前，这架新哥特式的大桥是世上第一个也是最长的一座钢索吊桥；它也是纽约为解决日益增长的人口引发的交通问题而实施的一个方案。另一位著名的纽约画家、发明家塞缪尔·芬利·布里斯·摩尔斯则把他的才华集中在改善信息传输上。他垂危的妻子寄了一封信给他，却花了很长时间才到他手中，但他已无法赶回去照顾她了。随后，摩尔斯放弃了作为一个画家的职业生涯，虽然他已功成名就；他探索出一个更好的方式，可迅速交换遥远距离之外的信息。他的单线电报使身处不同的州和地区，甚至大陆的人们能够立即沟通。在 19 世纪 50 年代，摩尔斯的发明促使美联社建立并实现了新闻发布的垄断，从而又推动了纽约蒸蒸日上的报业发展。

也许纽约最伟大的具有创新精神的人当属托马斯·爱迪生

默里山水库（Murray Hill Distributing Reservoir），现为第五大道和第 42 街纽约公共图书馆（New York Public Library）所在地，曾是克罗顿水道（Croton Aqueduct）系统的一部分。该系统于 1842 年开始运行，从韦斯切斯特的克罗顿河（Croton River）里将淡水引进来，跨越 40 多英里，引入现今中央公园“大草坪”（Great Lawn）的位置。在那里，水被输送到各个水库，比如默里山的这个水库，从而满足不断增长的家庭用水和消防用水需求。

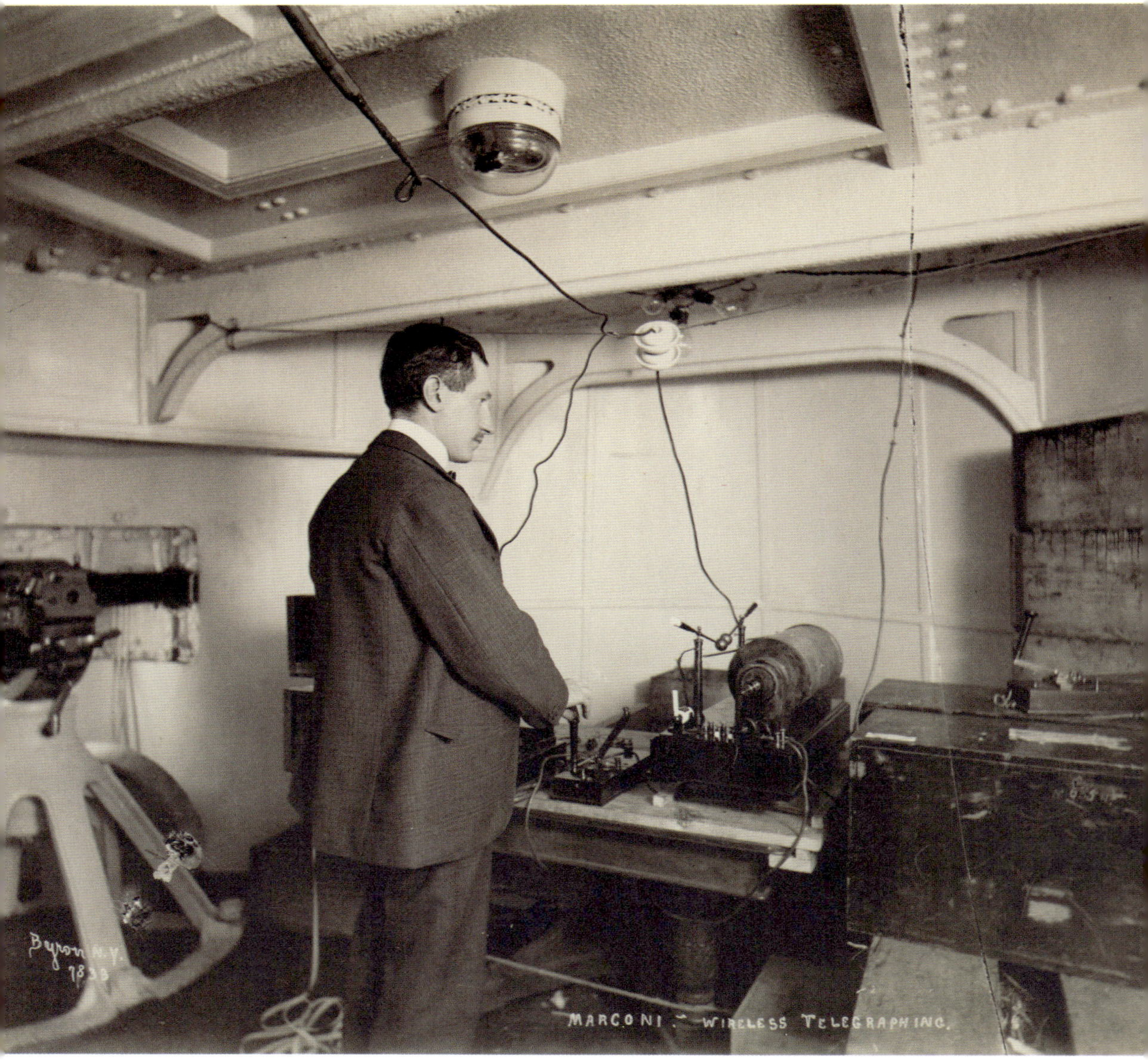

上图 1899 年，纽约拜伦公司（Byron Company）拍摄在工作中的古列尔摩 · 马可尼（Guglielmo Marconi)——收音机的发明者，当时他正在纽约旅行。

（Thomas Edison，1847—1931），他在纽约市以及新泽西的工业研究实验室工作，获得过 1000 多项美国专利。爱迪生选择将他第一个，也是美国的第一个发电站建设在曼哈顿；1882 年，这个发电站已经为一平方英里内的 59 家客户供电，每度电大约 24 美分。爱迪生在电力领域的主要竞争者尼古拉・特斯拉（Nikola Tesla）也将纽约作为自己的本部，在第五大道和休斯敦大街（Houston Street）都安置了实验室。

纽约沿海的地理条件一直需要能解决特殊的运输和基础设施问题的方案。此外，它也将纽约定位为对来自世界各地的新思想极为包容的城市。反过来，这两个方面都激发并塑造了这座城市的创新文化。例如，如果不是有英国人埃德沃德・迈布里奇（Eadweard Muybridge）的贡献，爱迪生不会开发出现代的电影系统；将摄影带到美国的摩尔斯也是学习了法国人路易斯・达盖尔（Louis Daguerre）的新艺术和科学的基础知识；还有富尔顿和赞助人罗伯特・利文斯顿（Robert Livingston）曾去往法国，在那里他通过发明第一艘工作潜艇锻炼了自己的航海创造力。以及 1853 年的纽约水晶宫展览，这个科技与工业的庆典，是为了再创两年之前伦敦"冒险"的成功。

在 20 世纪和 21 世纪，纽约的科学技术突破都是由这座城市的大学、学院、医院和博物馆以及私营部门所培养的人才创造的。哥伦比亚大学（当时称为国王学院）为当时还是殖民城市的纽约提供了最早的科学训练，连续孕育出数位获诺贝尔奖的科学家和不计其数的发现和发明。如今，这座城市拥有很多研究机构，包括规模宏大由公费资助的纽约市立大学、纽约私立大学和全身心致力于生物医学研究的洛克菲勒大学。因为互联网和新媒体公司大多集中在硅谷（Silicon Alley），这使得许多风险投资家转而在纽约的通信网络行业寻找机会。

上图 1883 年 5 月 24 日，布鲁克林大桥的开幕庆典隆重举行。经过一天的致辞、游行、军乐演出和行礼致敬后，晚上 8 点整，50 束火箭式焰火从大桥中心飞升上空。之后的一个小时里，东河犹如一大朵闪耀的花火；由德特威勒（Detwiller）和斯特雷特（Street）创办的烟花制造公司——烟火学家，使得金银星星如瀑坠下。

The Trustees of the
New York and Brooklyn Bridge
request the honor of the presence of
Mr William Chittenden Lusk
at the
Opening Ceremonies
to take place on Thursday, May twenty fourth, at two o'clock P.M.

Committees,

On behalf of the Board of Trustees, William C. Kingsley, Pres.t Henry W. Slocum. Jenkins Van Schaick. James S. T. Stranahan. John T. Agnew. Otto Witte.

On behalf of the Cities, Seth Low, Mayor of Brooklyn. Franklin Edson, Mayor of New York.

On behalf of the Engineers. Washington A. Roebling.

TIFFANY & CO.

上图 1883 年 5 月 24 日，布鲁克林大桥——最初被称为纽约和布鲁克林大桥——的开幕邀请函。美国总统切斯特·艾伦·阿瑟（Chester A. Arthur）、纽约州州长格罗弗·克利夫兰（Grover Cleveland）、纽约市长和布鲁克林市长均出席了该庆典。不幸的是，一个星期后当这座桥向公众开放时，一声匿名的喊叫引发恐慌，拥挤中有 12 人遭踩踏。

“门罗公园的奇才”（Wizard of Menlo Park）托马斯·爱迪生和他的一项发明——留声机。

水晶宫，建于 1853 年，作为“万国工业博览会”、美国第一届世界博览会的展览场所。它仿照两年前在伦敦水晶宫举办的博览会，与第 42 大街水库相邻，在这张约翰 · 巴赫曼（John Bachmann）拍摄的照片上的左侧可以看见那个水库；之后，这个水晶宫变为许多庆典的展览地，如庆祝第一条跨大西洋电缆铺设成功的活动就在这里举行。

上图 单线电报系统和摩尔斯电码的发明者塞缪尔·芬利·布里斯·摩尔斯。

纽约的全才

塞缪尔·芬利·布里斯·摩尔斯（1791—1892）1823年来到纽约以绘画谋生。和很多19世纪初与他同阶层的人一样，他怀有各种各样的追求。也许他最有名的是发明了革命性的远程通信电报和以其名字命名的电码；但在他那个时代，摩尔斯也是一位杰出的画家、教授、国家设计学院的创始人、摄影师和政治活动家。在这些身份中，最后一个或许是最不为人所知的。摩尔斯拥护反天主教事业，支持反天主教浪潮。在此平台上，1836年，他作为反对移民的本土候选人，曾竞选市长一职，但以失败告终。

来美国吧

自由女神像的基石上铭刻着诗人爱玛·拉扎勒斯（Emma Lazarus）的诗："给我吧，你们那些受累受穷的人们，那拥挤着渴望呼吸自由的大众。"然而，纽约作为移民目的地的历史远比这座雕像或者这首诗更为源远流长。纽约早期的移居者，包括荷兰人和英国人，一方面想在新世界寻求发财机会，另一方面也是为了逃离旧世界的宗教迫害。当然，那个时代也有并非自愿的移民，很多非洲人都是被关押强制踏上了这段旅程。美国独立后，纽约发展为一个大城市，移民开始大批涌入——先是19世纪中期的爱尔兰人、德国人和中欧人，随后是20世纪初来自欧洲南部和东部的"新移民"。

由于每天必须处理大量新来的人，纽约不得不建立综合性的移民中心。其中第一个是城堡花园（Castle Garden），它早些时候是一个名为克林顿城堡（Castle Clinton，现已恢复其名称）的要塞；后来又成为一个很受欢迎的音乐会场地，举办过珍妮·林德（Jenny Lind）等人的演出。从1855年开始，它成为纽约和美国的入口。之后在1892年，联邦政府将移民业务转移到了埃利斯岛（Ellis Island），其位于新泽西岸边的上纽约湾。正是在这里，亨利·詹姆斯（Henry James）写下了著名的"戏剧上演，没有停顿，日复一日，年复一年，明显地啃噬着我们国家的政治和社会"。如今，五分之二的美国人都声称他们的某位祖先通过埃利斯岛熙熙攘攘的大门进入了美国。1907年，在移民处理的高峰期，埃利斯岛接收了100多万新来的人——仅一天就达11000多人。

上图 B'nai Jesherun，纽约市的第二大犹太教堂，建于 1825 年；由 1654 年成立的北美第一个犹太圣会席若斯以色列聚会所（Congregation Shearith Israel）的成员修建。到 1825 年，纽约越来越多的阿什肯纳兹犹太人（Ashkenazi Jews）希望跟随自己的信仰，但不被西班牙系犹太圣会所允许。

并非所有通过纽约移民中心的人都会过得惬意。很多移民都过着水深火热的生活，最极端的一个例子就是美国南北战争之前一个被称为五点区的地方；查尔斯·狄更斯（Charles Dickens）在他的《美国札记》（*American Notes*）中写道："那些污秽和悲惨，或许完全与七晷区（Seven Dials）或者著名的圣吉尔斯（St. Giles）的任何部分都大相径庭。"尽管如此，五点区也是一个表现美国移民能量、创造力和成就的典型：踢踏舞在此地诞生，职业拳击在此地得到普及，还有人在这里得到了政治权力。

19世纪末20世纪初，移民的种族和数量发生了变化，越来越多的东欧犹太人、意大利人、希腊人、波希米亚人、匈牙利人和其他人涌入，他们的语言、文化和宗教对许多本土纽约人来说格格不入，他们挤满了下东区和其他街区的街道和房屋，一种社会危机感在人群中扩散开来。在纽约倡导贫困移民权利的关键人物之一是记者雅各布·A.里斯（Jacob A. Riis），他本人是来自丹麦的移民，在他《另一半人怎样生活》（*How the Other Half Lives*）一书中，他揭露了众多纽约新来者的贫困境地。另一个移民权利拥护者是玛丽·安丁（Mary Antin），她试图消除童工现象，并将关注点从公众对移民的虐待转向"那些贪污的政治家，他们试图使移民成为无限制的资本主义所有罪孽的替罪羊"。

尽管这些支持穷人的人很努力，反移民的情绪仍然占了上风。1924年的《联邦移民法案》（Federal Immigration Act）强势地将移民缩减到所剩无几，这个国家向新来的人几乎关上了大门。1952年的《移民与国籍法》（Immigration and Nationality Act）修订了1924年的法律，但直到1965年的《移民与国籍法》（由纽约市议员伊曼纽尔·采拉尔协办）通过后，美国的移民法案才稳定下来（详见现代熔炉）。

城堡花园和埃利斯岛很早之前就已停办业务；如今，肯尼迪和纽瓦克自由国际机场是最新的纽约客接待站，这些新人涌入纽约，令整个城市更为光彩照人。

左图 19 世纪晚期和20 世纪初期到达纽约的大多数移民都乘坐统舱，十分拥挤，卫生条件很差。图中是 1893 年红星线（Red Star Line，费城国际航海公司）一艘名为“SS Pennland”的船，天气好的时候人们会来到甲板上。

上图 埃利斯岛国家纪念碑（Ellis Island National Monument）。埃利斯岛邻近新泽西州泽西市，是海滨多代移民前往美国的第一站。

No. 1447509

To be given to the person Naturalized.

THE UNITED STATES OF AMERICA

CERTIFICATE OF NATURALIZATION

Petition, Volume B. 468 Number 112798

Description of holder: Age, 45 years; height, 5 feet, 6 inches; color, white; complexion, Dark; color of eyes, brown; color of hair, brown; visible distinguishing marks, none

Name, age and place of residence of wife Grazia, 37 yrs, 2332, Second Ave

Names, ages and places of residence of minor children Cristofaro, 14, Antonina, 4 yrs, 2332 Second Ave.

ORIGINAL

STATE OF NEW YORK
COUNTY OF NEW YORK } ss: Santo Cremona (Signature of holder.)

Be it remembered, that SANTO CREMONA then residing at number 2332 Second Ave. Street, City of New York State of New York who previous to his naturalization was a subject of Italy, having applied to be admitted a citizen of the United States of America, pursuant to law, and at a SPECIAL term of the Supreme Court of the State of New York, held at New York, on the 6th day of February in the year of our Lord nineteen hundred and twenty two, the court having found that the petitioner had resided continuously within the United States for at least five years and in this State for at least one year immediately preceding the date of the filing of his petition, and that said petitioner intends to reside permanently in the United States, had in all respects complied with the law in relation thereto, and that he was entitled to be so admitted, it was thereupon ordered by the said court that he be admitted as a citizen of the United States of America.

In testimony whereof the seal of said court is hereunto affixed on the 6th day of February in the year of our Lord nineteen hundred and twenty two, and of our Independence the one hundred and forty sixth.

JAMES A. DONEGAN Clerk

(Official character of attester.)

DEPARTMENT OF LABOR

上图 圣托 · 克雷莫纳（Santo Cremona）是一个幸运的人。他出生于意大利，之后移民到纽约；这个入籍证明是在 1922 年签发的，当时他与妻子和两个孩子住在曼哈顿。入籍两年后，他的移民国（美国）政府通过了限制移民的法律，这就意味着来自他祖国的其他人不会再有他这样的机会。

左图 雅各布 · 里斯最著名的图片之一，他在演讲里用这张手工上色的幻灯片来描述美国城市里穷人的困境。

另一半人怎样生活

记者雅各布·里斯出生于丹麦里伯（Ribe），1870年来到纽约，是成千上万生活贫困、无依无靠也无一技之长的移民大军中的一员。初来这座城市时，他经常在警察局的招待所过夜，这是他在19世纪晚期的纽约最后的栖身之所。1877—1888年，他成了一名专门采访治安消息的记者，着力揭露贫民窟糟糕的生活条件；1887年，随着频闪摄影术的发明，他发现并开始采用这种新型的强大媒介来表达对改革的迫切需要。通过他1890年的著作《另一半人怎样生活》（*How the Other Half Lives*）以及大量的演讲，他提高了美国人对城市贫困问题的关注，也推动了建设公共游乐场、完善城市住房条件的立法运动成功实现。他的摄影集现收藏于纽约市立博物馆。

摄影记者雅各布·里斯将这张 1897 年的照片命名为《当时意大利人生活的最穷贫民区泽西街的院落（现已不复存在）》（*Yard in Jersey Street*（*now gone*）*where Italians lived in the then worst slums*）。

纽约式政治

在最初由共和党控制的纽约，只有精英们才有权参与政治。市长由州长指定，而且只有有钱人才有投票权。纽约作为国家的新首都，乔治·华盛顿的首次就职典礼便是在此举行，1789年3月，宪法指导下的第一届国会也在华尔街的联邦大厅里召开。然而，那时的纽约人在总统选举中还没有选举权，因为政治领袖们对总统选举团（Electoral College）由选举产生还是直接任命犹豫不决。

但这一切在19世纪早期开始有所改变。随着被称为杰克逊式民主（Jacksonian Democracy）的民主浪潮的出现，纽约取消了对投票人的财产要求，从此迎来了这样一个时代：所有白人都可以投票，不管他们的财富有多少（讽刺的是，全国范围内的贫穷白人男性开始享有投票权，但与此同时，拥有土地的妇女及黑人的投票权却被剥夺）。随着民众投票越来越重要，群众性政党的发展激起了大众对选举进程的兴趣。政党开始公开竞选，以此来增强选民对自己的忠诚度。竞选成为一个更加公开和庆典性的活动，以在街上巡游为标志，人们通常举着火炬参加。

在推动走向更大政治参与度的道路上，其中一个驱动力便是坦慕尼协会（Tammany Hall）。此协会于18世纪80年代末开始出现，是一个排外性的私人政治俱乐部，随之出现的还有其伪美洲土著仪式的圈套，圣坦慕尼协会（Society of St. Tammany）最终成为一个强大的有效控制民主党的幕后力量。坦慕尼协会的工具，与其

上图 1868 年，坦慕尼协会搬到位于第三大道附近的第 14 大街新总部大楼（或“总部”）。

他政治机器的工具一样，包括通过赞助、严格的监视级政治组织，有时甚至是公开欺诈拉票。

坦慕尼协会的权力背后操纵者是“真心诚意”的凯利（Kelly），第一个爱尔兰裔美国首领，他在 19 世纪 70—80 年代将坦慕尼协会组织成一个真正的吸引投票的机器。但坦慕尼协会最臭名昭著的领袖是“首领”威廉·M. 特威德（William M. Tweed），他的任期为 1863—1871 年。长老会会员特威德是坦慕尼协会的首位领导人，他看到了日渐扩大的公民权所带来的机会与以天主教移民为主的选民的潜在力量。他在帮助穷人的同时设法获得他们的选票，并在阿梅里克斯发动机公司 6 号（Americus Engine Company Number 6）指挥官的职位晋升中得到了权力。南北战争后，特威德和他的党羽（特威德集团）主导了纽约财库最大的欺诈事件。他充分利用

上图 在爱尔兰人理查德·克罗克（Richard Croker，位于中间，戴着黑帽子）的任期内，腐败现象的披露使得坦慕尼协会的力量从 1886 年开始削弱。克罗克在 1902 年下台。

自己在坦慕尼协会的领导权，为自己和朋友提供在骗局中获得丰厚利润的机会，如建造一座法院，最终建成的法院成为当时最昂贵的建筑物，其花费是英国议会建造同样建筑所需成本的四倍，是在 1867 年购买阿拉斯加所需花费的两倍。特威德最终在监狱里死去，但他的名声却遗臭万年。

尽管坦慕尼协会以贪婪著称，但作为政治机器，它在城市中发挥了重要作用。在 1905 年，后来的纽约政党领袖乔治·华盛顿·普伦凯特(George Washington Plunkitt)，向记者威廉·雷奥丹(William Riordan) 解释道，政治俱乐部为穷人——其中大多数为移民，提供重要的服务，而当时没有政府机构为穷人提供社会保障网络。政党领袖可以帮助你的表弟穿过埃利斯岛，为你失业的兄弟找到一份工作，在圣诞节为你提供火鸡晚餐，或保释你出狱。它所要求的回报只是让你投民主党一票。它不太可能毫无掩饰的犯罪，但可能会 “正当的贪污”——让你感觉在为你服务的同时，利用自己的职位和市政府信息，来实现利润丰厚的商业和房地产交易。

美国南北战争百年之后，纽约市政治的动态很大程度上与扩大或对抗坦慕尼机器的力量有关。一些挑战来自左派（Left，劳动倡导者），如单一税改革者亨利·乔治（Henry George）；其他挑战来自精英改革者，试图通过控制他们眼中民主党人的过度行为，来恢复纽约市政治的秩序。但是，坦慕尼政治最深刻的变化来自第一次世界大战刚刚结束的时候，进步的坦慕尼政治家开始呼吁改革，并开始提出利用政府权力为人民带来社会福利。其中最著名的是艾尔·史密斯（Al Smith），他来自贫穷的纽约下东区，通过坦慕尼协会逐步晋升成为州议会议员、纽约县警长、市参议会主席、纽约州州长，最终成为主要政党的首位天主教总统候选人。史密斯的总统野心在一场激烈的反天主教和反城市运动中被击退。但他的许多改革由反坦慕尼协会的市长候选人——菲奥雷洛·拉瓜迪亚实现了。纽约市长由天主教徒接替任职长达 50 年之久，作为

MMANY SOCIETY
Ala
Nevada
Kans
Neb
Del.
Pa.
Con
Ill.
N.Y.
Md.
Ohio
Wis.
Mich
Cal
Texas

左图 这幅版画描绘的是位于第 16 街的坦慕尼协会的内部环境，这里为举办 1868 年 7 月 4 日的全国民主党大会装饰一新。圣坦慕尼协会是从 19 世纪中叶到 20 世纪中叶帮助民主党总统竞选的关键力量。

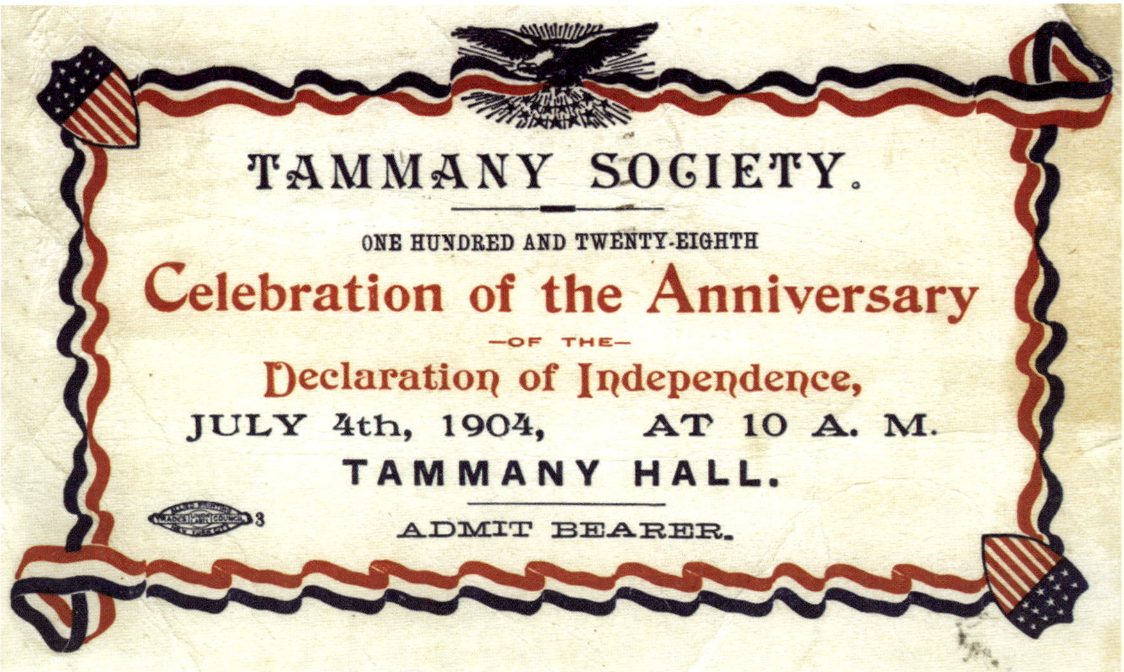

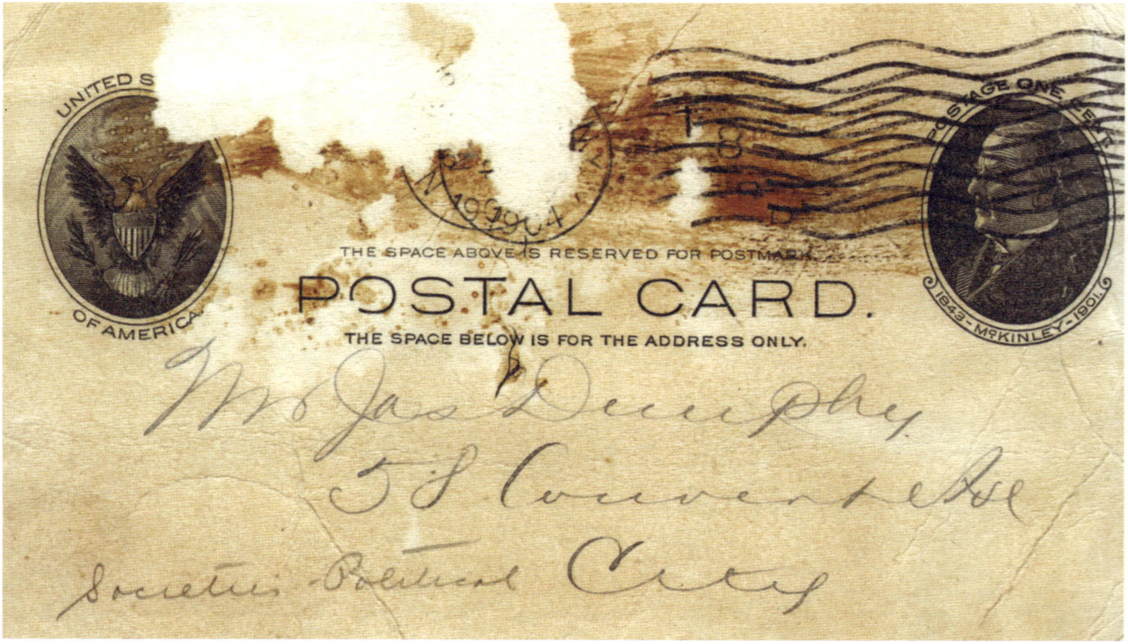

上图 坦慕尼协会庆祝独立宣言（Declaration of Independence）128 周年的纪念活动于 1904 年 7 月 4 日在位于东 14 街 141 号的坦慕尼协会举行。请注意，邀请函中并未提供地址，这表明该政治俱乐部总部的位置已广为人知。

纽约经济大萧条时期任职三届的市长菲奥雷洛·拉瓜迪亚（Fiorello LaGuardia）设立了该市“小新政”（Little New Deal）的社会项目。他还建立了食品市场，以减少手推车的使用。

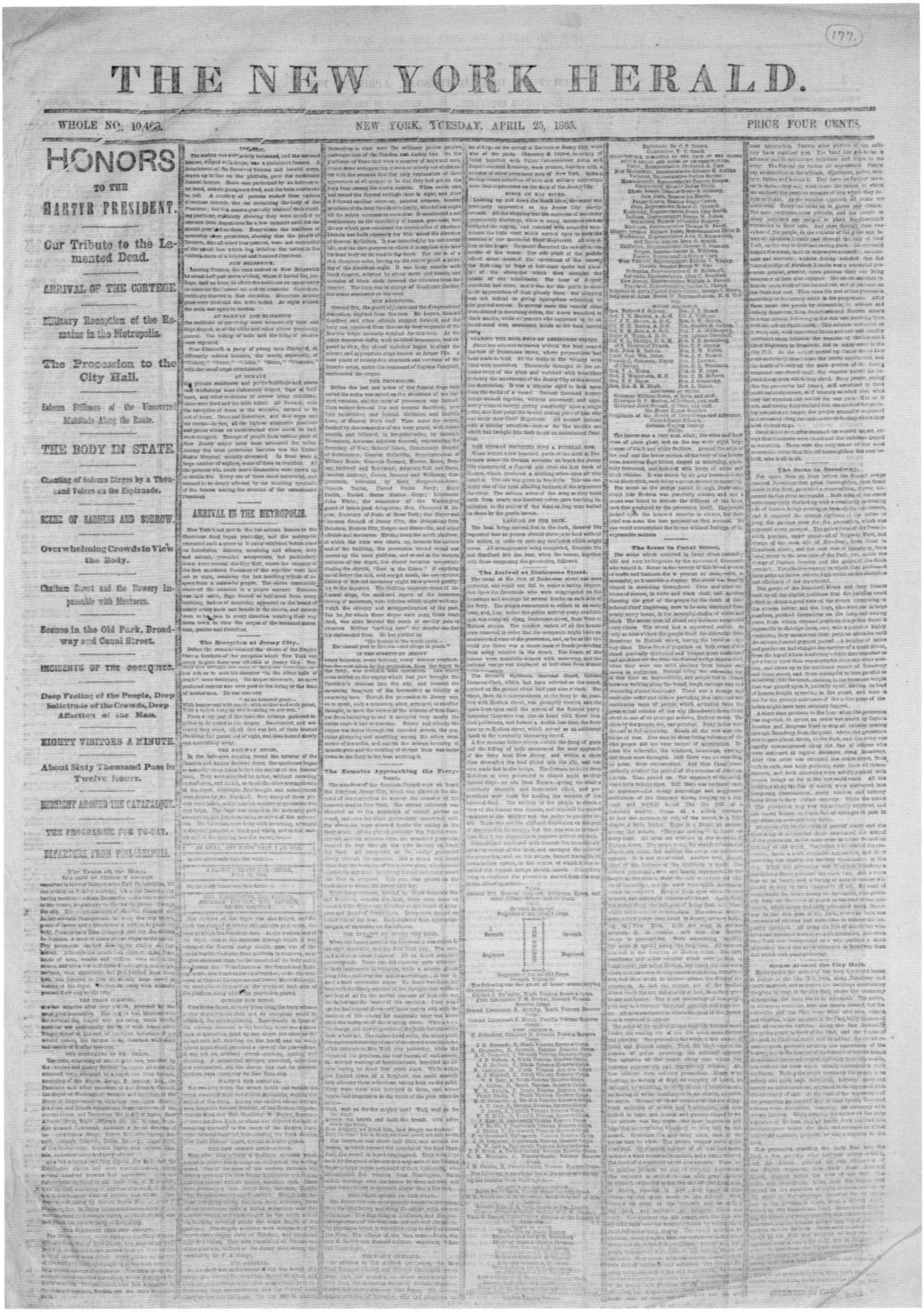

THE NEW YORK HERALD.

WHOLE NO. 10,463. NEW YORK, TUESDAY, APRIL 25, 1865. PRICE FOUR CENTS.

HONORS TO THE MARTYR PRESIDENT.

Our Tribute to the Lamented Dead.

ARRIVAL OF THE CORTEGE.

Military Reception of the Remains in the Metropolis.

The Procession to the City Hall.

Solemn Stillness of the Uncovered Multitude Along the Route.

THE BODY IN STATE.

Chanting of Solemn Dirges by a Thousand Voices on the Esplanade.

SCENE OF SADNESS AND SORROW.

Overwhelming Crowds to View the Body.

Chatham Street and the Bowery Impassable with Mourners.

Scenes in the Old Park, Broadway and Canal Street.

INCIDENTS OF THE OBSEQUIES.

Deep Feeling of the People, Deep Solicitude of the Crowds, Deep Affection of the Mass.

EIGHTY VISITORS A MINUTE.

About Sixty Thousand Pass in Twelve Hours.

MIDNIGHT AROUND THE CATAFALQUE.

THE PROGRAMME FOR TO-DAY.

DEPARTURE FROM PHILADELPHIA.

ARRIVAL IN THE METROPOLIS.

The Reception at Jersey City.

The Remains Approaching the Ferry-boat.

The Arrival at Desbrosses Street.

The Scene in Canal Street.

The Scene in Broadway.

Scenes Around the City Hall.

犹太母亲和意大利父亲的共和党圣公会儿子，拉瓜迪亚的任职显然让人出乎意料。拉瓜迪亚被称为“小花”（Little Flower）——在大萧条期间担任纽约市市长，赢得了数百万人的拥护，并首创了纽约独有的社会福利——“小新政”。

尽管拉瓜迪亚的人气居高不下，但政治机器依然存在。另一位任职三届的市长罗伯特·F. 瓦格纳（Robert F. Wagner）扩大了民主党、坦慕尼协会和城市工会之间的联系。但是，当他在1965年离职时，城市的人口统计数据正在改变。《退伍军人法案》（GI Bill）和去工业化使上个世纪支持坦慕尼协会的白人工人阶级人数缩减。瓦格纳在第三任期内反对坦慕尼协会，1963年举行民主党领导人选举时，一个名叫爱德华·I. 科赫（Edward I. Koch）的年轻人打败了坦慕尼最后一任领导人卡迈·德·萨皮奥（Carmine de Sapio），这标志着坦慕尼协会大势已去。

上页图 大多数纽约人是通过《纽约先驱报》（*The New York Herald*）这样的报纸了解到1865年林肯总统被暗杀的事件，这些报纸还广泛报道了纽约对林肯总统的致敬，虽然这些报纸持反对林肯政府的立场。护送林肯总统遗体的送葬队伍于4月24日抵达纽约，将总统的遗体放置在纽约市政厅，棺木一直敞开着，直到第二天送葬队伍离开纽约，前往伊利诺伊州（Illinois）。

HARPER'S WEEKLY
A JOURNAL OF CIVILIZATION

VOL. XV.—No. 778.] NEW YORK, SATURDAY, NOVEMBER 25, 1871. [WITH A SUPPLEMENT. PRICE TEN CENTS.

"WHAT ARE YOU LAUGHING AT? TO THE VICTOR BELONG THE SPOILS."

纳斯特和特威德

威廉·M. 特威德在 1871 年初达到“游戏”巅峰。到 1871 年底，他就被逮捕了，后来经历了陷入僵局的陪审团、被处以监禁、释放和再次逮捕以及民事审判，然后逃到西班牙，不料又戏剧性地被捕获，最终在 1878 年死于狱中。究竟是谁或者到底是什么扳倒了“首领”特威德？在很大程度上，这是因为漫画家托马斯·纳斯特（Thomas Nast）将公众对他的愤怒形象地展现在漫画中，这位漫画家不仅创造了“民主驴”和“共和象”，而且还创造了“坦慕尼老虎”和“圣诞老人”（在他为克莱门特·克拉克·穆尔《圣诞前夜》创作的插图中）这两种广为人知的漫画形象。纳斯特的政治漫画巧妙地刻画了特威德，并揭示了他势力背后的腐败，把他和他的党羽描绘成秃鹫、放荡不羁的罗马贵族以及胀鼓鼓的钱包。据说特威德曾抱怨，漫画比报纸的报道杀伤力还大，因为他感叹，他那些目不识丁的追随者无法阅读新闻报道，“但是，他们可以看懂图片！”

上页图 由托马斯·纳斯特创作的漫画发表在 1871 年 11 月 25 日《哈珀周刊》（*Harper's Weekly*）的头版，这也引发了激烈的反坦慕尼协会的运动。纳斯特描绘了“首领”特威德被他的政治帝国废墟包围着的景象，所绘都是《哈珀周刊》和《纽约时报》持续批评过的内容。同时，纳斯特还描绘了由于暴饮暴食变成大胖子的特威德（在他的胸部有一个虎头徽章，象征着坦慕尼协会），他脚上绑着绷带，抬着脚来缓解痛风病的痛苦；虽已受重创，却还未被打倒。

黑暗世界

在大众的想象和流行文化中，从《纽约黑帮》（*The Gangs of New York*）到《法律与秩序》（*Law & Order*），纽约市总是与犯罪和黑暗世界紧密相关。尽管这种名气或许稍显夸张，但纽约的犯罪史确实反映出它作为整个国家最大、最密集也最多样化的城市角色。而且，随着城市的发展壮大，它的黑暗世界在很多方面都反射着城市日新月异的社会、经济和政治变迁。

街头犯罪早在南北战争之前几年就已经开始成为一个严重的社会问题，最明显的就是位于今天唐人街和法院区的五点区；它是纽约（也可能是全世界）最臭名昭著的地方。1842 年，查尔斯·狄更斯在他的美国之旅中曾去往五点区参观，当谈到那片社区时，他这样写道："所有最可恶可憎、颓废堕落、腐朽破烂的都在这儿了。"五点区之所以恶名远扬是因为其街头黑帮，其中一些是由迅速膨胀的部分爱尔兰移民领导的，其他的则由"本土美国人"带头。这些帮派包括死兔党（Dead Rabbits）、四十大盗（Forty Thieves，他们在下属派别"四十小贼"中训练崭露头角的扒手和杀手）、螳螂守卫（Roach Guards）和鲍厄里小子（Bowery Boys），以及由"屠夫比尔"（Bill the Butcher，即威廉·普尔）领导的反天主教兼反移民的帮派。虽然南北战争后的整个时期都出现了臭名昭著的犯罪事件，但 20 世纪犯罪的转折点来自 1920 年开始的禁酒令时代。新的有利可图的酒类非法制造和走私业务带

所谓的“流氓美术馆”（Rogue’ s Gallery）其实就是警察局的嫌疑犯照片合集。这张图片（还有下图那样的）也在 1888 年雅各布 · 里斯首次幻灯片演讲——《纽约另一半人的生与死》（*How the Other Half Lives and Dies in New York*）——使用的第一组照片中。图片可能是半张立体底片（一种 3D 效果技术）。

上图 布莱克韦尔岛（Blackwell' s Island），即如今的罗斯福岛（Roosevelt Island）坐落于曼哈顿和皇后区（Queens）之间东河的中心。1828 年，纽约在此处建设了一栋监狱、一家公立救济院、一间感化院和三家医院。这张截取自幻灯片的图片（裁剪的原始照片）是雅各布 · 里斯在 1888 年演讲所使用的第一组图片之一。

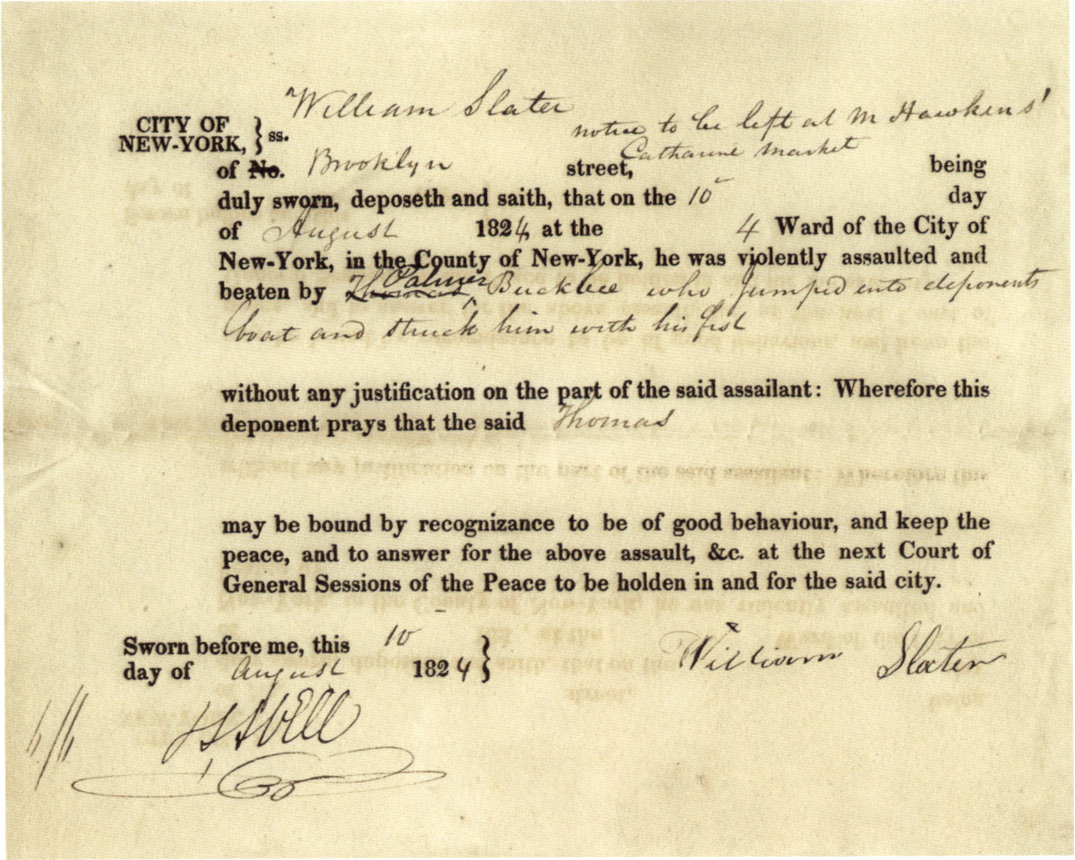

CITY OF NEW-YORK, } ss. William Slater notice to be left at M Hawkins' Catharine market

of No. Brooklyn street, being duly sworn, deposeth and saith, that on the 10 day of August 1824 at the 4 Ward of the City of New-York, in the County of New-York, he was violently assaulted and beaten by H Palmer Buckbee who jumped into deponents boat and struck him with his fist

without any justification on the part of the said assailant: Wherefore this deponent prays that the said Thomas

may be bound by recognizance to be of good behaviour, and keep the peace, and to answer for the above assault, &c. at the next Court of General Sessions of the Peace to be holden in and for the said city.

Sworn before me, this 10 day of August 1824 } William Slater

J S Abell

上图 1824年，监管城市的工作几乎如同兼职的看门人，如亨利·阿贝尔(Henry Abell)，他在这份证词上记录下了威廉·斯莱特（William Slater）的投诉：威廉没有挑衅，就被帕尔默·巴克比（Palmer Buckbee）手下的一个人攻击。注意这份证词随意的送达方式：“把通知放在霍金斯先生的凯瑟琳市场。” 凯瑟琳市场聚集了很多肉贩的摊位，位于下东区的凯瑟琳大街（Catharine Street），现今仍存在。

上图 公众对诸如五点区这种声名狼藉、混乱无序贫民区的认知在这张 1855 年的图中被戏剧化地展现出来，该图描绘的是 1827 年的景象，表现了整个社区混杂的人口——有爱尔兰移民、非裔美国人和其他人群以及他们在街上不守规矩的生活。

CROSS Street
BEDS &c
LODGING
GOOD LIQUORS
GROCER
PORTER
MILK
BEER

来了巨大的利润和风险，以及飙升的谋杀率。其中一个为人所知的例子就是1932年“疯狗”文森特·科尔（Vincent Coll）被枪杀，当时他正在杂货店的公用电话亭打电话——正跟他的竞争对手酒类走私商杜奇·舒尔茨（Dutch Schultz）和“杀手”欧尼·马登（Owney Madden）吵得不可开交。犯罪集团的头头们并没有随着1933年“光荣的实验”——禁酒令的结束而消失；相反，他们将重点转移到敲诈勒索、赌博和毒品交易上。日益严峻的经济形势，使得纽约——尤其是贫困的少数民族社区——在经济大萧条时期的岁月更为危险严酷。

第二次世界大战后纽约的变化使犯罪成为“市中心”一个相当棘手的问题。就业机会减少，中产阶级大批离开市中心去往郊区，城市投资降低，还有纽约越来越多样化的种族与民族紧张局势愈演愈烈，所有这些导致纽约人感到越来越不安全。1977年的夏天，城市危机达到顶点，大卫·伯科威茨（David Berkowitz）一手制造了匪夷所思的系列谋杀案，他称自己为“萨姆之子”（Son of Sam），将纽约视作都市丛林。

下页图 海伦·朱厄特（Helen Jewett）是一位时髦的纽约妓女，于1836年被一位客户谋杀；朱厄特的死亡和理查德·罗宾逊（Richard Robinson）对该案的审判被各种各样的组织和个人用来突出道德堕落和青少年不受监管的危险。新闻界——特别是《纽约先驱报》——利用这一罪行做出了轰动性的报道。

纽约的犯罪越来越多地受到毒品的影响：20世纪70年代是海洛因，80年代则是可卡因。多重门锁、口袋里的防狼喷雾和汽车里“禁止收音机”的标识成为城市混乱的标志。1984年，当伯纳德·戈茨（Bernard Goetz）枪击了在地铁上与他对峙的四个年轻人时，他被一些纽约人称为英雄，他们认为，唯一的救生索是自己执法。但其他人则将他与四名被害者（他们都是非裔美国人）的冲突视为纽约长期种族关系恶化的某种迹象。带有种族主义色彩的事件，如1986年在皇后区霍华德海滩（Howard Beach）几个白人少年攻击三个黑人，戳中了这座城市的痛点：在这里，比起上大学来，黑人青年往往更容易蹲监狱。

20世纪90年代，街头犯罪的数据开始下降。有些人将其归于前联邦检察官鲁道夫·朱利亚尼（Rudolph Giuliani）市长的法律

和管理制度；他不仅要处理犯罪问题，也处理一些社会混乱的其他突出问题，如乱扔垃圾和四处行乞——最有名的是“耍赖抹车仔”，他们在红灯时接近汽车，用不受欢迎的挡风玻璃清洁剂来换取对方的钱财。另一些人则将其归因于更广泛的因素，如可卡因的使用率降低，全国犯罪率下降等。到 21 世纪头十年时，纽约已被认为是全国最安全的大城市。

纽约——数十亿美元的股票在此交易，数十亿美元的资产在此管理——曾是美国一些最惊人的白领犯罪案件所在地。事实上，纽约一些最重大的抢劫案在不流一滴血的情况下就成功了。这些人包括诈骗犯、贪污犯、房地产大亨、业内贸易商和资金管理人。美国历史上最重大的白领犯罪案件是 2008 年曝光的案件：投资大亨伯纳德·马多夫（Bernard Madoff）对世人所知的“庞氏骗局”供认不讳，公然欺诈了投资者数百亿美元的资金。他被没收 1700 亿美元的资产，同时被判 150 年徒刑，无假释。

阿诺德·罗斯坦

在众多纽约市历史上出现的黑帮匪徒中，阿诺德·罗斯坦（Arnold Rothstein，人称“大票”，因其总是携带大沓百元大钞）有一个特别之处：他帮助建立了真正有组织的犯罪集团。作为赌博高手、走私、贩卖毒品交易商，他的企业经营范围极广，也训练了一批诸如梅耶·兰斯基（Meyer Lansky）、“福星”查尔斯·露西亚诺（Charles Luciano）和杜奇·舒尔茨之类的接班人。人们对罗斯坦最深刻的记忆可能就是他被指控涉嫌操控 1919 年世界棒球联赛的成绩（被称为“黑短袜丑闻”），据称比赛中八名芝加哥白袜队（Chicago White Sox）球员对辛辛那提红人队（Cincinnati Reds）放水，打假球。罗斯坦通过该操控大捞一笔，但他坚决否认参与其中。1928 年，在第七大道和第 56 街的中央公园酒店的一个房间，他遭到致命枪击；原因可能是一笔未还的赌债。但谋杀他的人一直没有找到。

上页图 阿诺德·罗斯坦在纽约州最高法院，正为 366 000 美元与一位破产接管人对簿公堂。拍摄于 1928 年 7 月 22 日。

商人、工人和工会

纽约最初是一个贸易港口，是世界上最大的天然港口之一，拥有丰富的皮草、木材及其他自然资源。新阿姆斯特丹，也就是后来的纽约成了重要的贸易中心。1825年伊利运河的完工使得美国农业中心地区向其他地区运输主粮更加便捷，数以千计的船只通过纽约港从世界各地把制造品带到美国，巩固了纽约港作为美国最重要港口的地位。纽约港建成早期，美国那些最富有和最有影响力的家族在贸易业务中踏上了财富之路，蔚为大观。

在19世纪，纽约的制造业很快名声大噪。从19世纪中叶开始，直到后来的100多年，纽约是美国独一无二的最大的制造业之城——拥有成千上万的车间和工厂，生产的产品从钢琴到服装、糖一应俱全。在早期，这些都是工匠运营的作坊，这些工匠大师的名字至今仍赫赫有名——伟大的银匠迈尔·迈尔斯（Myer Myers）；邓肯·法福（Duncan Phyfe）设计的家具和橱柜，风格简约深受美国人欢迎。还有德国移民亨利·斯坦韦（Henry Steinway），他和自己的兄弟一起把钢琴工厂从曼哈顿下城搬到了皇后区的空地上，然后把那里变成了一个真正的企业城（这个社区仍然以斯坦韦钢琴公司的名字命名，该公司现在也依然在这里）。

工厂的发展持续推动经济的发展。到19世纪末，有些工厂已规模宏大，如位于布鲁克林区威廉斯堡岸边的多米诺（Domino）糖厂（前身为哈夫迈耶和埃德尔公司），抑或是位于南威廉斯堡

1864 年，斯坦韦钢琴公司在东 14 街 71—73 号为 100 多架钢琴建造了一个陈列室和零售店。1866 年，又在展厅上开设了斯坦韦礼堂，可容纳 2000 人，这个礼堂很快成为纽约文化生活的中心。

上图 这张照片的拍摄时间是 1913 年，当时妇女是劳动力的重要组成部分。这些妇女主要是意大利和犹太移民，她们通过机器及手工缝制服装、生产其他织物，如旗帜。她们也帮助组建了成衣业工人工会。

Byron
N.Y.
32952.

左图 摄影师刘易斯 · 海因（Lewis Hine）以其记录社会环境和劳工生活的摄影作品闻名，他受委托去记录 1930 年帝国大厦的建设情况。在帝国大厦施工高峰期，共有 3500 名工人参与其中。

的辉瑞（Pfizer）制药厂。但大多数工厂的规模并不大。纽约工业分布广泛，铸造厂建造的“Soho”（小型办公室或者居家办公室）铸铁建筑物里有无数的小企业；许多服装店，一开始只是在廉价公寓和阁楼里开展业务，最终规模扩大后，在20世纪20年代得以入驻曼哈顿西侧的服装中心（Garment Center），共同创造了纽约独一无二的最大的制造区。

制造业的发展对劳动力产生巨大需求，来自全国和世界各地的数百万工人来到纽约寻找工作机会。许多新移民发现他们在纽约面临着种种问题，如恶劣的条件、低廉的工资和过长的工作时间甚至还会受到歧视，这使纽约在工会组建中起到了核心作用。这个城市最早的劳工组织，如南北战争前的工人党（Working Men's Party）和总工会（General Trades'Union），都在动荡的经济下随着经济萎缩退出了历史舞台。然而，在南北战争结束后的几年时间里，随着工业制造业的普及，纽约市见证了劳动骑士团（Knights of Labor）的崛起，劳动骑士团呼吁建立一个针对银行和律师的“生产阶级”联盟，还见证了国际工人协会（International Workingmen's Association）和中央劳工联合会（Central Labor Union）这两个社会主义组织的崛起，这两个组织试图让劳工候选人参加竞选。1886年，工会领导人塞缪尔·冈珀斯（Samuel Gompers），这名英国移民成了美国劳工史上的主要参与者，他成立了美国劳工联合会（American Federation of Labor，简称AFL），该组织致力于摆脱政治的操纵，集中精力将专业技术工人组织在一起，也就是冈珀斯口中的“工人中的贵族”。

但是，纽约工业界的许多工人都不认同冈珀斯建立行业工会的想法，劳工运动越来越令人不安。到了19世纪末，曼哈顿的联合广场（Union Square），正好是百老汇和第四大道“联盟”的地方，成了街头演说家的聚集地，成了劳动节游行和政治示威的场所。这些抗议活动在 1911 年 3 月 25 日的恐怖事件发生后紧急举行，当时位于格林威治村的名叫“三角女衫公司”（Triangle Waist Company）的阿施（Asch）大楼顶层发生了一场火灾。虽然自称是一个现代化的工厂——比成千上万个危险的血汗工厂看起来更安全的场所——其管理者锁上了一扇至关重要的生命之门，从而注定了 100 多名工人死亡，大多是年轻移民女性，她们有的被火灾夺去了年轻的生命，有的因躲避火灾从楼上跳下摔死。这些事件的发生推动了国际女装工人工会和美国成衣业工人工会的发展，并促成了一系列安全新规的制定。

随着 20 世纪的到来，特别是在市长菲奥雷洛·拉瓜迪亚任职期间的大萧条时期，劳工运动成了公认的城市权力结构的一部分。第二次世界大战后，新的公共部门工会内部发生了罢工和对组织权利的重大争斗，而且在越来越后工业化的时代，市政工会成为纽约为未来战斗的关键主角。在动荡的 20 世纪 60—70 年代初期，在市长约翰·V. 林赛（John V. Lindsay）的自由管理下，纽约被称为“罢工城市”，当时运输工人、环卫工人、警察、邮政工人等纷纷发起罢工行动，事件起因是被痛苦和种族主义折磨的教师们的罢工引起，纽约因此深受重创。尽管与制造业相关的工作机会大量流失，20 世纪末的财政危机和政策影响了纽约的劳工运动，但纽约仍然是美国工会影响力最大的中心之一。

竞选市长的亨利·乔治

南北战争之后，劳工运动的一个伟大辩论是：工会应以何种程度参与政治。纽约最早选举工人党候选人是在1886年，当时工会活动家认为既然政府利用警察和法院来打击罢工的工人，那么这就意味着他们必须自己踏上政治舞台。在那一年，纽约的中央劳工联盟（Central Labor Union）—— 一个由技术和非技术工人联合组成的联盟，由207个工会组成，共约5万名成员——建立了联合工党（United Labor Party），紧密团结在一起支持当时的时代名人亨利·乔治的市长竞选活动。七年前，乔治写了畅销书《进步与贫穷》（*Progress and Poverty*），以此来倡导对房地产实施“单一税”政策来解决美国的阶级不平等问题。乔治在参加市长竞选时呼吁，应该提高工人的工资并减少他们的工作时间，结束“工业奴隶制”，政府拥有铁路的所有权，结束警察“干涉”和平劳工示威活动，并呼吁实施征收单一税。乔治似乎有候选资格；确实，他击败了年轻的共和党候选人（和未来的总统）——西奥多·罗斯福（Theodore Roosevelt），但却被指控欺诈，后来输给了民主党候选人亚伯兰·休伊特（Abram Hewitt）。他在1897年再次参加竞选，但不幸在选举前四天离开了人世。

下页图 塞缪尔·冈珀斯在伦敦出生，父母都是犹太人，他从父亲那里学到了如何进行雪茄制作贸易。他们全家在1863年移民到纽约，并在纽约继续进行雪茄贸易。在担任其帮助建立的劳工联合会主席之前，冈珀斯是纽约当地144雪茄制造商国际联盟(Cigar Makers' International Union，简称CMIU)的主席，他宣扬“纯粹简单的工会主义”战略，强调应该解决基本的问题而不是进行社会改革或玩弄政治权力。

华尔街

在新阿姆斯特丹（纽约1625—1664年间的旧称）开拓30年后，荷兰西印度公司在这片土地的北部边界建了一个木栅栏。之后当英国控制这片殖民地时，他们将栅栏拆除，沿着以前的路线修了一条路，从布罗德大街直抵东河。随着逐渐为人所知，华尔街迅速变成了殖民地商业活动的枢纽。

在这座城市，商人们会在很多地方聚集起来进行股票、债券和贷款交易，华尔街就是其一。商人、银行家、保险卖家和投机者们经常到附近咖啡馆这类非正式的会议场所，敲定协议。但在1792年，人们开始倾向于组织化，22位商人和股票经纪人签订了一份《梧桐树协议》（Buttonwood Agreement），协议名源自华尔街68号商人咖啡馆（Merchants' Coffee House）外面的梧桐树，他们在那里谈生意。这份协议目的在于消除市场的起伏波动，使证券销售的佣金率规范化。

1812年英美战争结束后，一群精明的投资者决定再次进行组织；纽约证券交易所董事会（New York Stock Exchange Board）应运而生，经纪人和银行家采取了一种正式的体制。这个交易所很快就成为保险和银行股票的所在地；当经纪人被单独电话叫到时，他们就会每天两次在这里会面进行股票报价。

1863年，这家交易所正式更名为纽约证券交易所（New York Stock Exchange）；两年后，搬到了现在布罗德大街和华尔街接角

1857 年的金融危机始于一场信用危机，导致很多企业破产，之后严重打击了银行系统。图为詹姆斯·H.卡弗蒂（James H. Cafferty）所作。10 月 13 日，银行发生挤兑，导致股价暴跌，经济陷入危机。

上图 纽约证券交易所有两栋建筑：一栋位于布罗德大街(Broad Street，如图所示)，在交易广场(Exchange Place) 和华尔街之间；另一栋则在华尔街和布罗德大街街角附近。拍摄于 2008 年 5 月。

NASSAU ST
WALL ST
ONE WAY
ONE WAY
Broad St Station

上图 如今布罗德大街上的纽约证券交易所大楼于 1903 年建成。交易大厅富丽宏伟、十分宽敞，有 15260 平方英尺；顶端是一个巨大的天窗。纽约的顶级建筑师从八个竞赛设计作品中选中了乔 · B. 波希特（George B. Post）的这种新古典主义设计。

的这个位置。那时，交易所正在交易第一个工业证券——铁路——到了下一代，工业化重塑了这个证券交易所。到 1870 年，已经有 1000 多人在这个交易所进行交易，是十年前的十倍。1886 年 12 月 15 日，平均每日的交易量达到了 100 万只股票。交易所不再是一个短期拆借市场，拍卖商也不必再一个个单独打电话了；从交易开放直到收市钟声响起，交易所会连续不断地进行买卖。

1901 年，安德鲁·卡内基（Andrew Carnegie）的美国钢铁公司（US Steel）成为第一家拥有 10 亿多美元资产的上市公司。美国的工业精英通过华尔街交易获得了自己的财富和名声：安德鲁·卡内基、杰伊·古尔德（Jay Gould）、约翰·D. 洛克菲勒（John D. Rockefeller）、爱德华·哈里·曼（Edward Harriman）、J.P. 摩根（J. P. Morgan）等都成了美国的金融巨头。他们的财富如此之多，以致国家经济开始变成他们个人的行为。诸如杰伊·古尔德这样不道德的金融家试图垄断市场或者控制价格，他们秘密地购买可用的储备，与其他银行家或政府官员进行幕后交易，从而限制某种商品或证券的供应。一些人则只是通过备受瞩目的交易成为名人，他们购买或出售大公司，或者主导某一行业。还有一些人则更有责任感地使用自己的财富，在投机性泡沫破灭后提振市场，正如摩根在 1907 年所做的那样：在银行挤兑几乎令国家经济破产时，他几乎以一己之力稳定了整个市场。

集中在市场上的财富融入了美国梦，到 20 世纪 20 年代时，美国人利用一切手段疯狂地购买股票。但投机本质上就存在风险；1929 年 10 月 29 日，“黑色星期二”这天，市场损失了四分之一的价值。1929 年的崩盘使工业时代的狂热活动受到限制，引起了公众的反思和关注。1934 年，国会成立了证券交易委员会（Securities and Exchange Commission），负责监督市场，并监管上市公司是如何向股东和公众报告的。

第二次世界大战之后，机构投资者取代了金融大亨，成为华尔街的主导力量，名人面孔在一代人的时间里渐渐消逝。员工养老基金、保险公司和投资银行转向华尔街，利用战后多年的长期经济繁荣，使用他们大量的资金创建共同基金。其他像纽约市这样的城市也转投华尔街，为战后社会服务和公共工程筹集资金。

但是，虽然他们在繁荣时期受益，但地方政府在经济衰退期间发现自己陷入危险。20 世纪 70 年代，国家经济停滞不前，加上政府花费飙升，最终酿成了 1975 年的市政财政危机。当纽约开始向债券市场寻求帮助，要它为承诺的社会服务买单时，这座城市已经到了破产边缘。华尔街对纽约失去了信任，拒绝借给它需要用来维持偿还能力的钱。在时任州长休・凯瑞（Hugh Carey）的领导下，来自州和市的公职人员和一些普通公民策划了一次紧急援助，当面说服教师工会主席向城市债券投入了工会 1.5 亿的养老基金。

最近，随着 2008 年秋季次贷危机达到最高点，美国财政部部长亨利・保尔森（Henry Paulson）和联邦储备委员会主席本杰明・伯南克（Benjamin Bernanke）前往华尔街与国家各大银行的负责人进行会面，并敲定一项协议，以拯救如高盛（Goldman Sachs）和摩根士丹利（Morgan Stanley）这样的大银行。政治家和专家们再次使“华尔街”成了复杂甚至可疑投资计划的简称，与美国一般的“大街”分隔开。但是纽约作为金融中心承受了这种攻击，也延续着旧荷兰地标所维持的形象；即使电子贸易已经日益解放了高级金融界，并不再被华尔街限制。

下页图 纽约证券交易所其中一个主要的交易大厅，拍摄于 2010 年 7 月一个相对安静的时刻。

道琼斯

在美国，财富和名望一直密不可分。到 19 世纪末，诸如查尔斯·道（Charles Dow）这样的记者开始追踪纽约证券交易所上市公司的进展，并向渴求信息的公众提供知名金融家名单。道与爱德华·琼斯（Edward Jones）合作建立了一个名为道·琼斯公司的财经通讯社。1883 年，这两人发布了《客户晚函》（*Customers' Afternoon Letter*），其中详细介绍了当天的业务情况，包括在交易所交易的一些主要公司的股票指数。到 1889 年时，他们改名为《华尔街日报》（*Wall Street Journal*），这使得“华尔街”和“交易”几乎成了同义词。

道和琼斯在 1884 年创造的指数现在仍然叫作道琼斯工业平均指数，并且也仍然是华尔街市场健康状况的关键指标。

纽约的交通

今天，黄的士可被视作纽约交通的标志。然而，在纽约的出行并不总是像在街上叫一辆出租车那样简单。从 19 世纪初期起，纽约尝试了各种各样的办法解决人们的出行问题，最终形成了规模宏大的公共交通系统，这为促进城市的发展、人口的集聚以及不断取得的成功做出了重要贡献。

纽约依岛而建，实际上它是一个由众多岛屿组成的城市。因此，城市交通面临的第一个挑战便是：如何过河。蒸汽船的发明者纽约人罗伯特・富尔顿（Robert Fulton）1814 年创办了第一家蒸汽轮渡服务公司，提供来往于纽约市和规模不断扩张的郊外住宅区（布鲁克林市的首个郊区）的轮渡服务。到 19 世纪中期，每天有 10 万人乘坐轮渡跨过东河（East River），从布鲁克林到曼哈顿上班。早在 1817 年，科尼利尔斯・范德比尔特（Cornelius Vanderbilt）准将创办了船运公司，提供来往于曼哈顿和斯塔滕岛（Staten Island）之间的货运和客运服务，该行业是当时世界最赚钱的生意之一。

纽约的陆路交通也面临着挑战，早期纽约人出行只能依靠公共马车。1840 年，亚伯拉罕・布朗（Abraham Brown）发动了纽约当地的交通革命。他开通了当地的第一条公交线路，最初运营的公交车都是超大的马车，它们沿着固定的线路运行，统一票价，这是城市最早的公共交通。布朗的公共马车都在奇普 & 布朗（Kipp & Brown）公司名下，最终运营路线遍布曼哈顿大部分地区。有轨台车（起初也是由马拉）和缆车很快取代了公共马车，它们沿着嵌入式轨道运行，因此更加平稳，速度也更快。第六大道和第八大道沿线铁路的建设抢走了奇普 & 布朗公司公交马车的生意，并最终导致该公司关门大吉。19 世纪 80 年代末，有轨台车实现了电气化，运行速度更快。纵横交错的轨道很快布满布鲁克林市（城市上空有电缆），因此，行人发现过马路很困难（行人因此被称作“电车闪避者”，这个绰号源自布鲁克林道奇队，该棒球队备受人喜爱）。电车、轻轨以及后来的地铁在纽约的扩张发展中起到了重要的作用，带动了布鲁克林区、皇后区以及布朗克斯区内一批社区的发展，这些社区像一串珠子一样连在一起，分布在之前作为外城区的乡下。

随着街上的车辆越来越多，噪声越来越大，人们迫切希望能把交通工具移出街道。高架铁路是最初的一项重要发明，最早的高架铁路建于 19 世纪中期。列车沿着各条大道呼啸而过，影子落在下面的街道上，行驶的列车又叫“Els”发出隆隆的响声，成为曼哈顿的标志街景。直到 20 世纪 40 年代，受大萧条余波影响，市

取景地为麦迪逊广场（Madison Square）。图中的公交从属于第五大道客车公司（Fifth Avenue Coach Company），于1885年开始运营。拍摄于1900年，同年，该公司开通了第一条“汽车线路”。1908年，最后一辆马拉公交车退出历史舞台。

上图 1904 年 10 月 27 日，区间快速运输公司（Interborough Rapid Transit Company）地铁线第一段的首张票在中央车站（Grand Central Terminal）售出。当天该段地铁建成。当时一张地铁票的票价为一个镍币，“一张票可以畅通无阻”，尽管当时第一条地铁线只有一段路建成通车。

长菲奥雷洛·拉瓜迪亚（Fiorello La Guardia）下令拆除高架铁路。这项工程持续了几十年。今天，在布朗克斯、布鲁克林和皇后区还有许多高架铁路线依旧在运营。

直到1904年威廉·巴克利·帕森斯（William Barclay Parsons）担任纽约快速运输委员会首席工程师时，第一条地铁线区间快速运输线（IRT）动工，纽约的地下交通建设才起步。不久，另外两家地铁公司，布鲁克林曼哈顿运输（BMT）和独立运输（IND）也加入IRT的建设，IND由市政运营，旨在通过低投入提高大城市的交通畅通性。纽约地铁线分属不同公司，这种格局在今天依旧可见，不同的规划者设计了不同的地铁线路——标有红色和绿色数字的地铁属于IRT，黄色字母的属于BMT，橘色字母的属于IND。尽管票价从起初的一个镍币随时间的推移而不断上涨，但是乘坐地铁依旧很划算。地铁线路纵横交错如同迷宫一般，构成了复杂但实用的交通系统。这使得纽约人学会在总里程722英里的地铁网中选择最佳的线路。

下页图 显示了19世纪末曼哈顿下西区使用的多种交通方式——港口的驳船和轮船，马拉敞篷车和马拉公交车，在它们上方，高架铁路的影子落在人烟稀少的人行道上。右边宏伟的建筑是驳船办公室（Barge Office），左边的小楼是新闻办公室（Press Office）。

WEST END ROUTE
FERRY to 39th St. SOUTH BROOKLYN
ULMER PARK
COPYRIGHT 1894
BY J.S. JOHNSTON, N.Y.
(GOVERNOR'S I.)
3010.

老宾夕法尼亚车站的主候车厅内人声鼎沸。该车站是学院派风格建筑，由麦金（McKim）、米德（Mead）和怀特（White）合作设计完成，将纽约和哈德逊西部的广阔大陆通过铁路连接起来。建筑高 15 层，长度相当于 1.5 个街区，屋顶呈拱形，由钢筋和玻璃构成，上面刻有精美的图案。空间由大理石柱隔开，每层由楼梯连接。壁龛内的雕像给墙壁锦上添花。

上图 纽约市地铁交通图，联合储蓄银行（Union Dime Savings Bank）1940 年出版。

1870 年的秘密地铁

19 世纪 60 年代早期，曼哈顿城区街道交通拥挤严重。1863 年伦敦第一条地铁开通一事启发了一些纽约人，他们希望纽约也能修建一个相似的地下铁路系统。然而，纽约的公司和地产商大多对此表示反对，他们担心在城市最繁华的街道下面修建地铁会破坏地基，使土地贬值。集出版商、发明家、企业主于一身的艾尔弗雷德·伊利·比奇（Alfred Ely Beach）不顾众人劝阻，自己出资证实了地铁工程的可行性。在未经法律许可的情况下，1869 年，他以修建输气管道为借口，在百老汇沃伦街（Warren Streets）至莫雷街（Murray Streets）段地下秘密修建了一段相当于一段街区长的气化铁路（他称自己的公司为比奇气化运输公司）。1870 年，尽管比奇的实验地铁成功试运营，但他未能获得公众支持，后续大规模的地铁修建很快就将他的成功淹没了。

下图 纽约地铁车厢内景。在午夜前，该趟地铁经过第 157 街前往百老汇站。拍摄于 2010 年。

运动生活

在 19 世纪，纽约大多数的运动都和赌博紧密联系在一起，社会各个阶层的人都参与其中。有些活动受到工薪阶层的追捧，如斗狗或者耍鼠——在一个小陷阱里有大约 100—150 只老鼠，狗被放到陷阱里捉老鼠，顾客就狗能杀死多少只老鼠下注。然而，赛马、拳击、赛艇甚至帆船运动则同时受到工薪阶层和精英阶层的喜爱，尽管他们的运动经历有很大的不同。

基特·伯恩（克里斯托弗·奇伯恩，Christopher Key-bourn）开办的运动员殿堂（Sportsman Hall）位于水街（Water Street）273 号，在 19 世纪 50 年代是其鼎盛时期，顾客进入这里就会听到疯狂的叫嚷：成百上千的移民和工薪阶层的老主顾围着狭窄的竞技场大呼小叫，场内狗在咆哮，老鼠吱吱地叫个不停；啤酒和自制酒浓烈的气味和老鼠坑的腐臭味交织在一起；两只巨大的充气狗悬在吧台上方，这个奇怪的布置是店里老主顾的一大乐趣。

位于杰罗姆公园（Jerome Park）的俱乐部由富商伦纳德·杰罗姆（Leonard Jerome）和奥格斯特·贝尔蒙特（August Belmont）共同修建，格外与众不同。光彩照人的纽约社交名流遍布在俱乐部的各大区域，他们斜靠在俱乐部的豪华靠背椅上或是维多利亚风格的镀金沙发上。上流社会的赛马爱好者在福特汉姆（Fordham，现在的布朗克斯）开阔的乡村别墅里度假，他们呼吸新鲜的空气，品尝昂贵的香槟。他们坐在视野开阔的高看台上，欣赏高雅的轻

上图 19 世纪中期，希拉姆 · 伍德拉夫（Hiram Woodruff）是一名良种马贩和骑手。他的马厩临近今天位于布朗克斯的杰罗姆大道（Jerome Avenue）。图中他的顾客包括富有的赛马伯乐科尼利尔斯 · 范德比尔特先生、奥格斯特 · 贝尔蒙特和杰伊 · 古德。

驾车赛。

猎杀运动，如耍鼠和斗狗通常在纽约工薪阶层所在社区的沙龙和公共酒馆里进行，五点、鲍厄里（Bowery）以及滨水区就是这样的场所。19 世纪，上述运动成为中产阶级改革狂热派攻击的目标。亨利·伯格（Henry Bergh）在 60 年代成立了美国防止虐待动物协会（American Society for the Prevention of Cruelty），制止猎杀运动成为他专门的事业。到 60 年代末，耍鼠和斗狗活动已经转入地下，随后销声匿迹。

然而在 19 世纪，另一项工薪阶层重要的娱乐项目——拳击在纽约发展壮大。由于该项运动受到严格监管，它和纽约市的政治紧密联系了起来，因此民主党领导利用他们的影响力，指使警察在精彩对决上演时对比赛视而不见，如 1883 年赤膊冠军约翰·L. 沙利文（John L. Sullivan）成功卫冕的比赛。放松监管后，纽约号称“拳击之都”，纽约的富人们观看精彩的比赛，同时工薪阶层和中产阶级的支持者也借机一睹富人们的风采。赛马在纽约各阶层都很受欢迎。纽约赛马的历史可追溯至 1665 年（当年英国人接管了新阿姆斯特丹，改名纽约），当时殖民地政府在今天的长岛（Long Island）的亨普斯特德（Hempstead）修建了新市赛道（Newmarket Track）。随后他们又于 1725 年在下曼哈顿修建了教堂农场赛场（Church Farm Course）。因为赛马在过去是贵族的活动，美国建国初期曾禁止该项活动，但 1820 年又恢复了该项活动。三年后举办了历史上最著名的一场比赛，在这场三局两胜制的比赛中，北方州代表、年仅九岁的赛马暮色击败了南方的亨利先生。6 万名观众聚集在联合赛道观看比赛，安德鲁·杰克逊（Andrew Jackson）和亚伦·伯尔（Aaron Burr）也在观众席中。1845 年，另一场南北大对决举行，南方的赛马伊通纳（Peytona）打败了北方赛马时尚（Fashion），本场比赛大约有 100000 万观众。

同鞍马赛一样流行的还有轻驾车赛马，又叫飞马赛，后者甚至吸引了更多观众和更大的赌注。人们能在第三大道（Third Avenue）和哈莱姆车道（Harlem Lane）欣赏即兴比赛，到 1825 年，纽约飞马俱乐部（New York Trotting Club）成立，比赛更加规范。到 1860 年，纽约市及其周边共有七条赛道。内战结束后不久，富有的工业资本家们修建了精英赛道，如杰罗姆赛道（Jerome，布朗克斯，1865 年）、羊头湾赛道（Sheepshead Bay，布鲁克林，1885 年）、莫里斯公园赛道（Morris Park Racetrack，布朗克斯，1889 年），鞍马赛因此重获重视。而兜售新颖廉价娱乐项目的企业家们修建了规模宏大的布赖顿海滩（Brighton Beach）赛道（布鲁克林，1879 年）和格雷夫森德赛道（Gravesend Track，布鲁克林，1885 年）。在世纪之交，赛道在原有基础上又加了四圈，其中包括著名的渡槽赛道（Aqueduct track）和贝尔蒙特公园（Belmont Park）。

左图 1823 年 5 月 27 日，南北战争前夕，在一场三局两胜的比赛中，北方赛马暮色（Eclipse）打败了南方赛马亨利先生，后者是更受人们看好的夺冠热门。

由柯里尔 & 艾夫斯公司生产的手工着色作品《纽约港的夏日场景》（*Summer Scenes in New York Harbor*）描绘了帆船运动和赛艇。在最显眼的地方，一场赛艇比赛正在进行。划艇和独木舟里的人为赛手呐喊助威。

尽管今天人们认为划船之类的运动专属上流社会，但当时纽约市也有许多工人阶级和普通百姓参加此类运动。在纽约市水路从事客运和小型货运的商人们也会举行比赛，获胜者可得到奖金，其他人也会对此进行下注。纽约市不同种族群体经常相互比赛，各社区间的比赛甚至更加激烈。到19世纪中期，希望通过运动提高城市生活质量的纽约中产阶级成立了赛艇俱乐部。同时，纽约各大学的学生们开始成立赛艇队，1859年，哥伦比亚大学成立了第一支赛艇队。世纪之交，纽约市的赛艇俱乐部共有31个船库，赛艇在城市移民中的受欢迎程度有所下降。

帆船运动的历史也大同小异。南北战争前，职业海员驾驶纵帆船和商船运送纽约的大部分商品。1844年，船长们联合起来成立了纽约游艇俱乐部（New York Yacht Club，简称NYYC），数千名观众观看他们举办的比赛。南北战争后，富有的业余船员们驾驶私人船只，业余航行不断发展壮大。纽约游艇俱乐部开始举办更大规模的比赛，富人们购买更加昂贵的船只，雇用职业船员进行比赛。1851年，纽约游艇俱乐部的创始人约翰·考克斯·史蒂文斯（John Cox Stevens）与另一个船员团体组建了美国队，他们得到王室游艇中队（Royal Yacht Squadron）的赞助，参加了英国的一场比赛。后来该船员团体将奖杯立契转让给了纽约游艇俱乐部，之后该俱乐部开始举办美洲杯，在1983年前，每年的冠军都是他们。

下页图 1896年，曼哈顿的拜伦公司拍摄了在曼哈顿海滩赛道举行的自行车比赛的场景。八年前的1888年，约翰·博伊德·邓洛普（John Boyd Dunlop）发明了充气轮胎，使自行车能够更快、更平滑地行驶，由此在19世纪末开启了自行车的黄金时代，类似的自行车比赛也具有了可行性。长久以来，骑自行车就是纽约人最爱的一项娱乐活动。今天，纽约市的自行车道总长度超过620英里，骑自行车也逐渐从一项娱乐活动和观赏运动发展成为一种高效环保的城市交通方式。

为期六天的比赛

19 世纪 60 年代，自行车首次在纽约大热，当时老式自行车开始出现在依旧崭新的中央公园。但在 90 年代，安全自行车引进，开启了纽约真正的“自行车时代”（bicycle era）。不久，凭借一场传奇的为期六天的自行车比赛（男女赛），纽约在自行车界名声大噪。该比赛起点为原麦迪逊广场花园，它位于麦迪逊大道（Madison Avenue）和第 26 街交叉口，由斯坦福德·怀特（Stanford White）设计。这场比赛被称为“Madisons”，规定在六天时间内，骑行圈数最多的人获胜。随着比赛的推进，参赛者不断挑战自己的极限，有些人甚至尝试连续超过 24 小时不间断骑行。使用毒品、极度疲劳、出现幻觉和身体伤害等传闻使这六天的比赛成为最早的极端娱乐体育赛事。

乐土

享受公共空间一直是纽约人的第一天性。最初为了缓解大都市拥挤不堪的状况，满足人们对娱乐设施的需求，人们通常把滨水区、空地，甚至是公墓——著名的布鲁克林市格林－伍德公墓（Green-Wood Cemetery）——视作宝贵的开放区域，用来进行娱乐和社交活动，他们并没想过建造正式的公园，然而“为了美化和装饰……以及供市民消遣娱乐”，纽约市于1733年修建了首个正式的公园——滚球草坪公园（Bowling Green）。在1798年、1822年、1832年和1845年经历了黄热病和霍乱后，体育锻炼才开始兴起，城市里因此增加了更正规的娱乐区域。到了20世纪，娱乐区域包括棒球场、游乐场、篮球场和板球场，以及游泳池等其他设施。

曼哈顿起初的街区计划制定于1811年，规划在各区建立公共广场，而不是大型公园。然而，随着时间的推移，人们对该项计划进行了修改。1847年，麦迪逊广场公园（Madison Square Park）和水库广场（Reservoir Square）向公众开放，后者于1884年改名为布莱恩特公园（Bryant Park），这个名字来自《纽约晚邮报》（*New York Evening Post*）的编辑威廉·库伦·布莱恩特（William Cullen Bryant）。布莱恩特也主张建造中央公园（Central Park），将其打造成纽约的一个标志性场所，并为此在报纸的社论版块进行游说。

1853 年，城市公共委员会（City's Common Council）从长远立足，拨款购买了一大块空地用来修建一个公园，因此，打造中央公园的想法渐渐落实。

最初琼斯伍德（Jones Wood）被推荐为中央公园的园址，它占地 150 英亩，位于城市东侧，第 66 街和第 75 街之间。然而，经过激烈讨论，园址最终定在岛中央上侧 2.5 英里处，因此 1600 人需要搬家——这些人大多是贫穷的移民和非裔美国人。共有 33 家公司争相提出中央公园建造计划，1858 年，由弗雷德里克·劳·奥姆斯特德（Frederick Law Olmsted）和卡尔弗特·沃克斯（Calvert Vaux）起草的计划最终入选。奥姆斯特德被任命为工程的总建筑师，沃克斯为顾问建筑师。1858 年下半年，公园的低地部分向公众开放——这是美国的第一个景观公园，至今仍是纽约生活的标志。不久布鲁克林效仿中央公园，修建了展望公园（Prospect Park），该公园也是由奥姆斯特德和沃克斯设计的。

20 世纪初，伴随着“进步时代”（Progressive Era）的到来，人们对建设娱乐场所，尤其是对游乐场和饮水处的支持激增。西奥多·罗斯福（Theodore Roosevelt）等倡导者声称娱乐设施是保证市民“心满意足，遵纪守法”的重要部分，与此同时，以节制运动（Temperance Movement）的支持者为首的公共饮水处的倡议者声称提供饮用水可以减少人们去酒吧和饮酒的次数。然而，很多早期的娱乐设施都鼓励饮酒以及其他娱乐活动。位于霍博肯（Hoboken）的天堂乐园（Elysian Fields）是一家早期的“娱乐公园”，

下页图 斯坦斯伯里·诺斯（Stansbury Norse）在 1888 年创作了该幅作品，描绘了中央公园里的一座碉堡。它建于 1814 年，用于抵御英国人。该碉堡是中央公园年代最久远的建筑，位于第 109 街和中央公园西侧交叉处，1863 年被并入公园。

上图 约翰 · 孟格勒斯 · 库尔维豪斯（Johann Mongles Culverhouse）在 1865 年记录了中央公园池塘上的滑冰者。滑冰是 19 世纪中期深受人们喜爱的活动；1858 年，中央公园未正式开放之前，其首个创办的滑冰区就对公众开放了。据称，在高峰期成千上万的人在此滑冰。

出售酒水和雪茄，提供骑马、赌博、乡村游等娱乐活动，并且配备棒球场。位于布鲁克林的康尼岛（Coney Island）游乐场靠近大都市，在19世纪中期开始吸引度假者前来。20世纪初，其三大娱乐公园——越野障碍赛马公园（Steeplechase Park）、露娜公园（Luna Park）和梦幻乐园（Dreamland）——满足了大批城市游客的需求，为这些人提供了远离城市喧嚣、放松身心的奇幻之地。

1938年在罗伯特·摩斯（Robert Moses）的领导下，纽约开始了史上最大规模的公园建造活动。摩斯是首个全市公园专员，其在任26年，纽约的公园面积从14000英亩扩大到34673英亩，增加了一倍多，并且游乐场的数目也从119个增加到779个。奥姆斯特德和沃克斯设计了可供放松的自然主义景观，而摩斯建造了可供活动的艺术场地和游乐场，包括皇后区的法拉盛草场可乐娜公园（Flushing Meadows Corona Park）、东河的兰达尔岛屿公园（Randall’s Island Park）和沃兹岛屿公园（Wards Island Park），以及长岛的琼斯海滩（Jones Beach），此外，他还大规模翻新了中央公园。摩斯是纽约历史上最有争议的人物之一，他因为在居民区修路造成的影响和自上而下的规划方式而饱受诟病，但是他在公园建造方面的成就也为他赢得了来自很多批评者的赞扬。

近年来，“草根”活动者开垦了城市里很多废弃或闲置的空地，打算为纽约市民创造绿色空间，这些空地被依次重建成市政设施，由市政统一维护。纽约高架铁路公园（High Line）其实是一条悬空的绿色通道，横穿曼哈顿西侧低地，作为公园于2009年向公众开放。该公园是在一条废弃的高架货运铁路的基础上建造的，之前的铁路名叫西区线（West Side Line），20世纪80年代后停止使用。改造这些空间也为周边社区带来了经济和社会效益，吸引了开发商前来开办各种配套设施，如饭店、商店以及文化设施。今天，纽约市不断用新创意改造废弃和闲置空地，为打造新一代的开放空间开辟了道路。

上图 纽约一条废弃的高架铁路被改造成了纽约高架铁路公园和人行道。这张新纽约高架铁路公园的照片拍摄于 2009 年 8 月，展示了即将完工的第一部分路段，该路段从甘斯沃尔特街（Gansevoort Street）延伸至第 20 街。

1906 年，塞缪尔 · 戈特乔（Samuel Gottscho）拍摄了科尼岛（Coney Island）露娜公园的照片，当时他还是个十足的业余摄影师。后来他成为知名的建筑摄影师。在世纪之交，露娜公园和越野障碍赛马公园、梦幻乐园这三大园地为纽约的工薪阶层和中产阶级提供了逃离纽约生活的好去处。

上图 一张20世纪50年代特别发行的明信片。明信片中展示了从维克多大厦（RCA Building）70层顶往北鸟瞰中央公园和上曼哈顿。

为中央公园造势

在 19 世纪 50 年代，通过媒体获取对娱乐区和公园的支持是一种更加有效的途径。开放公共区域的支持者，如《晚邮报》（*Evening Post*）编辑兼诗人威廉·库伦·布莱恩特《论坛报》（*Tribune*）编辑贺拉斯·格里利（Horace Greeley）等，刊登了大量信件和社论，列举了新鲜空气和干净水源对城市居民的好处。园艺师安德鲁·杰克逊·唐宁（Andrew Jackson Downing）就此主题写了大量文字，盛赞伦敦公园并强调它们对人们的影响。这些倡议者一致认为，公共区域不仅有可能缓解在人口日益增多的都市中拥挤的居住条件，而且也可以促进各个社会阶级的和睦相处。这些社论将公园的问题上升到政治高度，因此，1851 年安布罗斯·C. 金士兰（Ambrose C. Kingsland）将这一问题纳入他的竞选范畴，在当选市长之后他提出一项购买一大片土地修建中央公园的计划。市议会批准了用地，弗雷德里克·劳·奥姆斯特德和卡尔弗特·沃克斯的提案也成为中央公园的设计案。

曼哈顿中央公园俯视图（南部）。拍摄于 2006 年 7 月 1 日，清楚地显示了公园作为稠密城区之肺以及户外活动场所的重要角色。

在百老汇

从某种意义上说，百老汇（Broadway）只是将曼哈顿一分为二的大街。但它也是“不夜街”（The Great White Way），即美国剧院商业中心的代名词。沿着这条大道，美国歌舞表演进行了首次广告宣传，音乐剧院也诞生于此。百老汇最终发展成为一个包含近 30 个街区的剧院区，电闪霓虹和 21 世纪的百老汇剧院可追溯到美国独立战争前就已在纽约开始的时髦传统。

同纽约市和百老汇本身一样，纽约的剧院也起源于曼哈顿的最南端。18 世纪 30 年代，纽约的第一批剧院在如今的百老汇大街兴起。公园剧院（Park Theatre，最初叫作新剧院）是独立战争后纽约的第一个剧院，位于公园大道（Park Row）和百老汇的交会处。1798 年，公园剧院开门营业，在近十年的时间里，它是曼哈顿唯一一家专业剧院。后来，其他剧院渐渐沿着百老汇和鲍厄里附近开办起来。大众娱乐项目如综艺节目、滑稽表演和歌唱表演等逗乐了鲍厄里的工薪阶层，而在百老汇的剧院则上演着更精致的戏剧作品。两条大道在纽约联合广场会合，19 世纪晚期，这里成为纽约的剧院区。

下页图 自动歌舞剧剧院（The Automatic Vaudeville Theater，东第 14 街 48 号）提供各种各样的娱乐活动，包括窥视秀、留声机放映、室内打靶，以及 20 世纪早期出现的早期电影。该剧院由阿道夫 · 朱克（Adolph Zukor）于 1903 年创办。朱克是派拉蒙影业公司（Paramount Pictures）的创始人之一。

托尼 · 帕斯特（Tony Pastor）在纽约联合广场开创了一种新的综艺娱乐项目。1881 年，他开办了自己的新剧院，地点就在坦慕尼剧院所在的大楼。坦慕尼剧院表演的综艺节目有粗俗的歌曲和搞笑情景表演，主要面向大呼小叫的男人们。为了吸引女人和小孩，帕斯塔在白天进行更加文雅、更适合儿童的综艺表演，如魔术、杂技，以及驯兽表演。他甚至制定了观众行为守则。为了区别综

M. COHEN
OSS.
SKI
AUTOMATIC
ONE CENT
VAUDEVILLE
JOHN B
GOPHIR DIAMO
48 Gophir Diamon
THE DIAMOND PALAC

艺表演，帕斯塔把他的表演称作“歌舞剧”（vaudeville）。

歌舞剧不仅仅是一种始于纽约的娱乐表演形式。1866年，位于百老汇537号的一家名叫尼布洛花园的剧院（Niblo's Garden）首创了美国音乐剧（musical play）。《布莱克·克鲁克》（*The Black Crook*）最初被认为是一台标准的情节剧，当制片人设法为一个缺少演出场地的法国芭蕾舞团募资时，它又成了首部音乐剧。为了融入舞蹈，《布莱克·克鲁克》被改编成了一部集戏剧、舞蹈、音乐以及浮夸的戏服于一体的视觉盛宴。这部剧取得了巨大成功，票房收入超过100万美元。

音乐剧院和与众多表演传统融合在一起。年轻人欧文·柏林（Irving Berlin）在纽约下东区的剧院表演犹太轻歌剧，并且演唱犹太歌曲。锡盘巷（Tin Pan Alley，第28街，位于百老汇和第六大道之间）传出的撞击声吸引了包括乔治·M. 柯汉（George M. Cohan）、科尔·波特（Cole Porter），乔治和艾拉·格什温（Ira Gershwin）在内的年轻一代。这些天才先是在住宅区演出，大获成功，接着登上先驱广场（Herald Square）的舞台，后来又登上了时代广场（Times Square）的舞台。

音乐剧院的形式在20世纪发生了改变。首部“音乐剧”《戏船》（*Showboat*）于1927年在时代广场附近的齐格飞（Ziegfeld）剧院上演。由奥斯卡·汉默斯坦二世（Oscar Hammerstein II）编剧，杰罗姆·科恩（Jerome Kern）作词，该剧针对颇受争议的种族问题，并结合了原始的音乐曲目和对话，具有艺术连贯性。1943年汉默斯坦在和作曲家理查德·罗杰斯（Richard Rodgers）第一次合作创作《俄克拉荷马！》（*Oklahoma!*），加强了这一表现形式。《俄克拉荷马！》被认为是第一部“叙事音乐剧”（book musical），全剧情节充分结合了情感动人的歌曲以及舞蹈表演。弗兰克·罗瑟尔（Frank Loesser）、贝蒂·康登（Betty Comden）、阿道夫·格林（Adolph Green）、弗雷德莱克·洛伊（Frederick Loewe）、艾伦·杰伊·勒纳（Alan Jay Lerner）等曲作家和词作家为叙事音乐

1901年前后，埃塞尔·巴里摩尔（Ethel Barrymore）在克莱德·菲奇（Clyde Fitch）戏剧《豪斯海军的金克斯上校》（*Captain Jinks of the Horse Marines*）中扮演特兰顿尼夫人。埃塞尔是纽约著名演艺世家巴里摩尔家庭的一员，她的父亲莫里斯·巴里摩尔（Maurice Barrymore）、叔父约翰·德鲁（John Drew）、兄弟约翰·巴里摩尔（John Barrymore）和莱昂内尔·巴里摩尔（Lionel Barrymore），以及她的侄子约翰·德鲁·巴里摩尔（John Drew Barrymore）和侄孙女德鲁·巴里摩尔（Drew Barrymore）都是演员。

托马斯 · D .莱斯（Thomas D.Rice）是一名巡回演出演员，其招牌演出《跳一跳，吉姆 · 克劳》（*Jump, Jim Crow*）于 1883 年在鲍厄里的美国剧院（American Theater）取得巨大成功。传言他的表演改编自一名年老的黑人马倌的舞蹈。他在演出时用黑脸化妆品（用烧焦的软木化妆），以此开创了仅限白人表演者的巡回演出潮流，这种潮流一直持续到 19 世纪 50 年代中期。

剧加入了大量的创造型表达。《男人和娃娃》(*Guys and Dolls*)、《西部故事》(*West Side Story*)、《头发》(*Hair*)等作品以变化飞快的纽约为背景，展现了当代的故事。随着20世纪渐渐接近尾声，斯蒂芬·桑德海姆(Stephen Sondheim)和安德鲁·劳埃德·韦伯(Andrew Lloyd Webber)进一步扩展了叙事音乐剧的形式。今天，新的剧作家不断为音乐剧院注入活力——通过乔纳森·拉森(Jonathan Larson)、朱丽·泰穆尔(Julie Taymor)和林－曼纽尔·米兰达(Lin-Manuel Miranda)等艺术家的作品——同时吸收了不同的戏剧传统和流行音乐风格。

从《俄克拉荷马！》开始，音乐剧院便统治了百老汇剧场。戏剧取得了巨大的成功，在30部百老汇上演时间最长的作品中，有27部是音乐戏剧。尤其是在20世纪40—50年代——受票房驱动，比百老汇舞台剧更加大胆的剧作从不断变化的生活方式和态度汲取了素材。生活剧院(Living Theater，1947年成立)和广场上的圆圈(Circle in the Square，1951年成立)等公司的目标是在更小、更加亲密的空间里让观众观赏剧作。事实上，“外百老汇”(Off-Broadway)这一术语最初是和这些实验剧院联系在一起的。然而，随着表演空间让位于更多的商业费用，百老汇和外百老汇的定义改变了。“百老汇”指的是最少能容纳500人的剧院，而“外百老汇”的座位数目从99个到499个不等，“外外百老汇”(Off-Off Broadway)指的是观众席少于99个的表演场地。来自“外外百老汇”的作品最好地延续了实验性表演传统。

“外外百老汇”剧院和“外百老汇”剧院遍布纽约各个行政区，但是自上世纪以来，百老汇舞台的大本营一直是时代广场。今天的百老汇由40个剧院组成，其中33个都建于1930年之前。据百老汇剧院产业国家贸易协会、百老汇联盟(Broadway League)称，2009年到2010年度的上座人数接近1200万。这一年度有39部新剧上演，总票房超过10亿美元，创下纪录。算起来，这条“不夜街”已有100多年的历史。

为百老汇而战

随着纽约戏剧业的发展，创作公司相互竞争，争夺对百老汇的统治权。1896年，包括在查尔斯·弗洛曼（Charles Frohman）、马克·克劳（Marc Klaw）以及安倍·厄兰格（Abe Erlanger）在内的纽约制作人建立了松散的伙伴关系。由此产生的“辛迪加”（Syndicate，译者注：意为企业联合组织）不仅控制了百老汇舞台，也控制了纽约创作的剧院剧目在各地的巡演。如果一个剧目选择在一家独立的剧院上演，那么“辛迪加”的所有剧场都将禁止其上演。因为“辛迪加”包括各主要铁路线沿线的大多数剧院，就经济层面而言，想拒绝与他们合作是不现实的。“辛迪加”组织从当地的经理手中抽取利润，并将许多同行排挤出去。

1907年，在百老汇许多同行遭受惨败之后，李·舒伯特（Lee Shubert）、山姆·舒伯特（Sam Shubert）和J.J.舒伯特（J.J. Shubert）三兄弟成立了一家公司，向“辛迪加”的统治发出了挑战。他们这家集中管理的公司，在全国购买、建立并整合了一系列的剧院，打破了“辛迪加”的垄断。美国政府后来反而裁定舒伯特三兄弟企业垄断。20世纪50年代，美国政府强迫舒伯特三兄弟卖掉12家剧院并放弃预定生意。今天，舒伯特公司在纽约拥有17家剧院和一家票务服务机构(Telecharge)。

下页图 纽约市百老汇时代广场，拍摄于2010年3月。时代广场充满活力，是纽约市剧院区的心脏，在近100年来，它的地位从未被撼动。今天，霓虹灯流光溢彩，精彩还在继续。

CLASH BEGINS IN 3D
CLASH OF THE TITANS
APRIL 2
ALSO PLAYING IN 2D
WINNER! 7 TONY AWARDS
BEST MUSICAL REVIVAL
RODGERS & HAMMERSTEIN'S
SOUTH PACIFIC
LINCOLN CENTER THEATER
PALACE
WEST SIDE STORY
CHICAGO
OPEN 24 HOURS
WHERE MAXIMUM PERFORMANCE LIVES
maxell
MONEY EXCHANGE

I'm a PC
and Windows
was my idea.
TOSHIBA
Kodak
Kodak
Bank of America

摩天楼之城

对于一座普通城市来说，人口增长仅仅意味着尽可能多建楼房，像洛杉矶这样的城市，会通过“摊大饼”的方式不断扩张。然而纽约却无福消受这样的奢侈，尤其是在曼哈顿岛上。因河流环绕，街道上建筑密集，显而易见，纽约不能横向扩张，只能增加建筑物的高度。E.B. 怀特（E.B. White）在《这里是纽约》（*Here Is New York*）中写道，“这（一事实）造就了（纽约）宏伟的外观。”

20 世纪初，纽约是法国学院派（Beaux-Arts）建筑运动的焦点。这一传统造就的最壮观建筑可能就是熨斗大厦（Flatiron Building）。该大楼由丹尼尔·伯纳姆（Daniel Burnham）设计，于 1902 年完工。大楼的临街一侧用石灰岩和陶釉建造，再加上不同寻常的三角形外观，它在曼哈顿建筑殿堂内占有一席之地。该大楼高 285 英尺，加之钢框架结构，算是纽约市最高的大楼之一。

尽管建筑和工程技术不断进步，纽约市依旧醉心于建造最高大楼，并始终保持着领先地位（实际上，纽约市的建筑师和开发商只是内部竞争，因为直到 1974 年，12 座世界最高大楼都建在纽约）。而在 1890 年到 20 世纪 30 年代早期，世界最高大楼中只有一座不在纽约市。在纽约市 82 座最高大楼中，有 16 座建在曼哈顿，有一些还成为纽约最出名的地标。1908 年，厄内斯特·弗拉格（Ernest Flagg）设计的辛格大楼（Singer Building）凭借 612 英尺的高度成为世界第一高楼；几年后，伍尔沃斯大厦（Woolworth Building）

下页图 从帝国大厦的平台上，可以看到第五大道 175 号和百老汇交会处的熨斗大厦。熨斗大厦由芝加哥建筑师丹尼尔·伯纳姆（Daniel Burnham）设计，共 22 层，高 285 英尺，呈三角形，外形像熨斗，于 1902 年完工。

INSTINCT
ONLY ON THE NOW NETWORK
Sprint
LANE
FIRE

上图 1938 年，贝伦尼斯·阿博特（Berenice Abbott）在位于松树街（Pine Street）和华尔街（Wall Street）交会处的城市服务大厦（Cities Service Building）顶层眺望室阳台上拍摄了这张照片，名为《城市阿拉伯》（*City Arabesque*），当时城市服务大厦是下曼哈顿最高的大楼。从这个角度可以通过装饰艺术风格的铁围栏望到西北方向的风景。

取而代之。英国诗人鲁伯特·布鲁克（Rupert Brooke）写道："这两座大楼结构坚固，几乎是坚不可摧，其线条和明亮的色彩营造出一种古典的感觉，古典的，但不是欧式古典。这种砖石建筑给人一种感觉，它们是为了证明某种信仰而建……那时，我突然觉得，如果没有贵族气质，它们是无法想象、无法建造的。"

装饰艺术风格（Art Deco）摩天大楼的发展可能是纽约建筑史上最重要的时期，这种风格的大楼几何造型大胆，体现了折中主义的艺术与设计风格。该学派最初于20世纪20年代盛行巴黎。1930年，克莱斯勒大厦（Chrysler Building）以1047英尺的高度成为新的世界之最。作为折中主义建筑的典型代表，至今仍是纽约最优秀的建筑之一。然而，它作为创世界第一高楼的纪录只保持了18个月；1931年，帝国大厦（Empire State Building）抢走了这一头衔。帝国大厦也是装饰艺术风格建筑，由施里夫－兰姆－哈蒙公司（Shreve，Lamb & Harmon）设计，于20年代经济繁荣时期动工，开业的时候不幸赶上大萧条。该大楼施工速度奇快，一周就能增加四层半的高度。这种大胆的举动体现了纽约众所周知的自信精神。帝国大厦成为世界最高的大楼，其基础楼身仅仅比克莱斯勒大厦高2英尺。为了防止在短时间内被其他大楼超过，开发商约翰·J. 哈斯科布（John J. Raskob）命人在第86层顶上建了飞艇系留柱。柱高200英尺，使得帝国大厦总数达到102层，总高度达到1250英尺。纽约下一代建筑风格尝试采纳了现代国际风格，就是根据德国建筑师路德维希·密斯·凡·德·罗（Ludwig Mies van der Rohe）的设计原则，大楼建成简单的盒子形状，外层用金属或玻璃幕墙覆盖。纽约第一座大型的国际风格建筑是联合国城中的联合国秘书处大楼（United Nations Secretariat Building）。该大楼建在曼哈顿海龟湾（Turtle Bay）社区的一片空地上，远处便是东河。这块土地是由约翰·D. 洛克菲勒（John D. Rockefeller）捐赠的。利华大厦（Lever House）是国际风格（International Style）建筑的

左图 著名的建筑画家休森·霍利（Hughson Hawley ）在这幅 1910 年创作的水彩画中描绘了伍尔沃斯大厦的蓝图。画中他突出了卡斯·吉尔伯特（Cass Gilbert）设计的垂直感，大厦高于下曼哈顿的建筑，包括左侧三一教堂的塔尖也低于该大厦。

另一杰出代表，它坐落在东第 53 街与 390 公园大道交会处，由斯蒂德摩尔（Skidmore）家族的戈登·邦沙夫特（Gordon Bunshaft）与奥文斯 & 密瑞尔（Owings & Merrill）联合设计。大楼修建时间为 1951—1952 年，用作利华兄弟（Lever Brothers）肥皂公司总部。

20 世纪 70 年代初期，纽约现代主义的摩天大楼数量不断增加。1972 年完工的世贸中心（World Trade Center）双子塔，是反对装饰、主张使用新材料的现代主义建筑的典范。双子塔的高度分别是 1368 英尺和 1362 英尺（110 层），是世界上最高的建筑。然而，世贸中心大楼饱受建筑评论家的诟病，民众更是对它批评有加。大楼的设计师是日本建筑师山崎实（Minoru Yamasaki），他采用了管架结构，大楼表面用铝合金覆盖，双子塔和其他类似的建筑被评论家刘易斯·芒福德（Lewis Mumford）描述为“玻璃和金属填满的柜子”和“切取各大城市机体组织的无意义巨大主义和技术表现主义的实例”。2001 年 9 月 11 日，双子塔被恐怖分子摧毁，人们因此记住了它。然而，就算这样残酷的打击也没能扼制该城市不断向上发展的精神，根据计划（本文创作时）纽约打算重建世贸中心，其中包括一座比双子塔还要高的摩天大楼，以此争当世界最高。

20世纪80年代，后现代主义真正在纽约建筑界兴起，菲利普·约翰逊（Philip Johnson）的历史主义风格的美国电话电报公司大厦大楼（AT&T Building）和其他建筑则尝试回归传统风格。今天，纽约的摩天大楼设计师既采用现代主义，如高架铁路公园里由尼尔·德纳瑞（Neil Denari）设计的三角形建筑，也采用浪漫主义，罗伯特·A.M. 斯坦（ Robert A. M. Stern）用石灰岩整片覆盖了中央公园西大道 15 号建筑物，是其最杰出的代表。同时代的“明星建筑师们”设计了其他类似的建筑，改变了纽约的天际线。

塞缪尔 · 戈特乔（Samuel Gottscho）1956 年拍摄了这张联合国的图片，当时联合国在曼哈顿的大楼刚刚开张。前面是联合国大会大楼（General Assembly Building），后面是 39 层高的秘书处大楼。

帝国大厦

1931 年 5 月 1 日——纽约市商业租赁的传统起始日期，当时的世界第一高楼帝国大厦开业，其入驻率为 23%。尽管当时正处在经济大萧条时期，但是一座新楼若只有 50% 的入驻率，则会认为开局不顺。新商户增长缓慢，实际上，到 1931 年 11 月，帝国大厦一直被称为“空楼”（Empty State Building）。1935 年，大厦的管理人员打开空办公室的灯，试图说服潜在的租户，让他们相信大楼快要租满了。随着纽约市渐渐摆脱大萧条的深渊，帝国大厦最终全部租了出去。帝国大厦不仅仅是纽约市游客参观最多的景点，也是主要的商务中心。

由乌尔兹兄弟（Wurts Brothers）于1939年拍摄的天际线照片可以看到帝国大厦在1953年尖顶加造天线之前的样子。尖顶最初设计作为飞艇系留柱使用。

曼哈顿的克莱斯勒大厦，位于第 42 街和莱克星顿大道（Lexington Avenue）交会处。图中帝国大厦位于其身后。克莱斯勒大厦于 1930 年建成，如今依旧是世界上最高的钢筋框架砖石大楼。帝国大厦于 1931 年建成，位于第五大道和西第 34 街交会处。

五区之城

在纽约市的大部分历史中，“纽约市”就位于曼哈顿：它在南端兴起于新阿姆斯特丹的居住地，并逐渐向北扩展。随着时间的推移，另一个城市横跨东河发展起来——布鲁克林——在城镇和村庄星罗棋布的斯塔滕岛地区（从曼哈顿横穿过纽约湾），长岛北部以及美国大陆北部最接近曼哈顿的地方（现在的布朗克斯）东布鲁克林（今皇后区）。

整个 19 世纪，人们着手合并纽约港周围的大都市。1856 年，州议员塞浦路斯·P. 史密斯（Cyrus P. Smith）明确主张将曼哈顿和布鲁克林合并，并在东河填河造陆。1865 年内战结束后，纽约地区经济发展繁荣，为人们扩大纽约面积提供了助力。1868 年，当时中央公园委员会的成员安德鲁·哈斯维尔·格林（Andrew Haswell Green）提议合并纽约和周边的人口聚居地。作为一名成功的律师、商人以及政客，格林声称“相互冲突的市政机构”会阻碍大规模的发展，也使各地区居民无法意识到他们共同的利益。格林没能得到专门负责此类事务的纽约州立法机构的支持，他实现梦想的唯一进展发生在 1874 年，当时纽约市兼并了韦斯特切斯特县（Westchester County）的一部分地区（今南布朗克斯）。

皇后区中心的森林小丘（Forest Hills）社区。“长岛花园”（The Garden Spot of Long Island）自 1906 年起开发。该社区有通往曼哈顿第二大道的有轨电车，有长岛火车站和皇后区山谷高尔夫俱乐部（Queens Valley Golf Club）。拍摄于 1927 年。

1883年，东河（布鲁克林）大桥建成通车，连接了曼哈顿和布鲁克林，合并再次成为热议话题。1888年，纽约州商会和颇具影响力的贸易出版物《房地产记录》（*Real Estate Record*）和《建筑商指南》（*Builders' Guide*）提倡合并纽约港周边地区，发展地区经济。支持合并的人认为新的大都市会成为世界上最大的城市之一——这将成为美国作为国际领先经济体的闪耀象征。1887—1888年亚伯拉罕·S. 赫维特（Abram S. Hewitt）担任纽约市市长，他评价说纽约“注定是世界上最伟大的城市”。

1890年，纽约州立法机构通过法案，“成立委员会，制定合适的方案，合并州纽约港岛上的几个大都市”。格林任委员会主席，其他成员包括来自各地区的杰出企业家，城市公园部景观建筑师卡尔弗特·沃克斯和一名州工程师。委员会于1892年向州立法机构提交合并法案，但是在投票之前就夭折了。两年后，受影响地区的投票者提出通过无约束公投要求合并。同时，纽约市和布鲁克林市也采取措施兼并其他地区。曼哈顿合并了后来被称为布朗克斯的地区。布鲁克林兼并了弗拉特布什（Flatbush）、格雷夫森德（Gravesend）和新乌得勒支（New Utrecht），一跃成为全国第三大城市。

尽管纽约市市长威廉·斯特朗（William Strong）和布鲁克林市长弗雷德里克·W. 沃斯特（Frederick W. Wurster）对此表示反对，最后在1896年，纽约州立法机构还是通过了合并法案。1896年州

下页图 布朗克斯的伍德劳恩旅店（Woodlawn Inn），该照片是在1853年前后，由摄影师先驱维克多·普雷沃斯特（Victor Prevost）用盐印法冲洗的。大约10年以后，铁路延至布朗克斯北部地区，后来伍德劳恩（Woodlawn）村建成，该地名在布朗克斯西北部沿用至今。

the
WOODLAWN

上图 前街（Front Street）的布鲁克林日常生活。1817—1820 年，前街位于主街（Main Street）与富尔顿街（Fulton Street）之间。繁荣的社区里居住着各种各样的职业和不同种族的居民，其中包括非裔美国人。1820 年，非裔美国人口占到了该市总数的 15%。这幅画是路易莎·安·科尔曼（Louisa Ann Coleman）临摹弗朗西斯·盖伊（Francis Guy）的一幅作品。

早期的布鲁克林

19世纪之前，布鲁克林是一个农业小镇，曼哈顿是其农产品的主要市场，两地居民通过轮渡往来于东河两岸。1814年蒸汽轮渡投入使用后，布鲁克林发展成为世界上第一批通勤郊区中的一员。布鲁克林因其街道寂静，声名远播，又因为该地区用于做礼拜的场所很多，有"教堂之城"（City of Churches）的称谓。多区合并之时，布鲁克林已经是一个完整的城市，拥有自己的报纸《布鲁克林鹰日报》（*Brooklyn Daily Eagle*）、棒球队（布鲁克林道奇队）、艺术博物馆（布鲁克林博物馆）、图书系统以及曾经设计过中央公园的弗雷德里克·劳·奥姆斯特德和卡尔弗特·沃克斯联合设计的公园（展望公园，Prospect Park）。今天，布鲁克林是纽约市五区中人口最多的一个区，总数超过250万。如果布鲁克林依旧是一个独立的城市，它可能成为美国最大的城市之一。

委员会起草了《大纽约宪章》（Charter of Greater New York），1897 年 5 月 4 日得到签字确认，大纽约于 1898 年 1 月 1 日正式成为一个整体。大纽约（Greater New York）包括五个行政区，每个区包括一个县：曼哈顿（纽约县，New York County），布鲁克林（国王县，Kings County），皇后区（皇后县，Queens County），斯塔滕岛（里士满县，Richmond County），布朗克斯（布朗克斯县，Bronx County）。

布鲁克林尤其抵触被更大的行政区兼并。一些布鲁克林的上层居民担心曼哈顿工薪阶层的移民到来会破坏布鲁克林的城市特性。其他许多布鲁克林市民也担心，在纽约扩张的背景下，布鲁克林市的独特性以及利益会消失。反合并运动的宣传材料里到处都是一只大猛兽（象征合并后的大纽约）正在吞下勇敢的布鲁克林的图像。1897 年除夕，布鲁克林的领导们举行了一场庄重的纪念仪式，纪念布鲁克林市成为过去。在这场仪式中，《布鲁克林鹰报》（*Brooklyn Eagle*）的编辑圣·麦克维（St. Clair McKelway）劝诫听众要在新的大都市中保持独立性，“通过坚决维护布鲁克林的

上页图 布鲁克林大桥的建立对于连接纽约和布鲁克林两个城市来说十分关键。从这张 1881 年拍摄的照片中可以清晰地看见吊桥的全貌。建桥使用了钢索，这是工程师约翰·奥古斯图斯·罗布林（John Augustus Roebling）的发明（钢索直径为 15 ¾ 英寸）。布鲁克林大桥是同类吊桥中的先驱，同时也是第一座长度惊人的对接导轨桥。其建设开启了现代桥梁建设的纪元，在此之后美国许多吊桥，包括纽约的曼哈顿和乔治·华盛顿大桥以及旧金山的金门大桥（Golden Gate Bridge），其施工都借鉴了布鲁克林大桥工程。

利益，沿用布鲁克林的名字，保持布鲁克林的思想……而不是让布鲁克林成为一个分区”。

大纽约合并成立之后，成为世界上继伦敦之后的第二大城市，总占地面积达 327 平方英里（最长处达 35 英里，最宽处达 18.25 英里）。据国王的大纽约鸟瞰图（King's Bird's-Eye View of Greater New York，1905 年）显示，该大都市已经修好的街道总长大约为 1800 英里（还有大约 1100 英里未完工），铁路总长 1200 英里（单轨，包括高架铁路），下水道总长 1600 英里。人口总计约四百万，每天的总用水量为 4.6 亿加仑。这一时期，书中和记者报道中对大数据的推崇显而易见，然而他们却掩盖了一个更加重要的事实，即多元的社区以及不同层次的个人（经常发生冲突），二者因纽约的合并而交织在一起。这些多样在过去一个世纪里推动纽约市形成了独特、鲜活的历史，未来这种作用也会一直持续下去。

波希米亚

纽约见证了波希米亚的两度勃兴。第一次是移民到纽约的捷克波希米亚人。中世纪捷克王国成为奥匈帝国的行省之后，这些人就被叫作波希米亚人。19 世纪中期，大批捷克人来到纽约，他们最初在曼哈顿的下东区（B 大道被称为捷克大道，Czech Boulevard）落脚，主要从事制作雪茄的工作。随着捷克群体的不断壮大，他们扩散到了曼哈顿的上东区，1910 年，他们在东第 73 街修建了波希米亚国家馆（Bohemian National Hall），同年，在皇后区阿斯托里亚（Astoria）社区建造了波希米亚馆（Bohemian Hall）。该场所后来被扩建成一个啤酒花园，并成为当今纽约市最后一个大型啤酒花园。

那时，“波希米亚”在主流社会中是浪漫主义的代名词。在曼哈顿，这种思潮在格林威治村（Greenwich Village）的城区中扎根发芽，在 20 世纪的前 25 年里，富有文化冒险精神的纽约人对此加以宣传。尽管格林威治村有着令人骄傲的殖民历史，在 19 世纪也曾是一个高级社区，但此时已十分破败。村里的许多第一代家庭都搬到了城里条件稍微好一点的地方去了，之前富丽堂皇的房子变得破旧，成了廉价的出租屋。低廉的房价吸引了大量移民和艺术家，其丰富多彩的多元文化氛围为创意表现提供了土壤。

格林威治村里的波希米亚人总数远不如那些工薪家庭、新民族和 19 世纪贵族后代的数量，但他们为自己的社区争得了“反抗

1905 年的波希米亚国家馆。建于 1896 年，带有强烈的文艺复兴风格，建成后成为纽约市捷克和斯洛伐克人的社交、文化和社区中心。

温床”的美誉——美国的“左岸”（Left Bank）。那些在城市里其他地方不被接受的活动在这里受到欢迎。男同性恋和女同性恋可以远离社会的束缚，在这里自由自在地生活；来自哈莱姆（Harlem）的黑人艺术家和作家在激进的政治和社会场所中受到欢迎；主张扩大选举权的人们在华盛顿马厩街（Washington Mews）游行示威；女权主义、精神分析和布尔什维主义（Bolshevism）风靡一时。实际上，格林威治村宣扬一切新奇的事物。

普罗文斯顿剧社（Provincetown Players）诞生在格林威治村里被称为美国“拉丁区”的居民区，其纽约新作品首次亮相于1916年麦克杜格尔街（MacDougal Street）的一家上流场所，那里离无政府主义者开的波利餐厅（Polly's Restaurant）仅一门之隔。从1914年开始，在华盛顿南广场（Washington Square South），布鲁诺（Bruno）的《阁楼》（*Garret*）吸引了大批观众前来观看其另类表演，演出内容主要反映当地的问题，并采用了挑战百老汇剧院的非传统舞台布局。自由思想者蜂拥至自由俱乐部（Liberal Club），聆听立体主义和优生学等主题的讲座，村里女权主义者在一个名为“异端”（Heterodoxy）的午餐俱乐部集会，该俱乐部是针对“非正统女性以及把自己公开的女性”开办的。《群众》（*Masses*），《七艺》（*Seven Arts*）和《小评论》（*Little Review*），以及其他反传统的“小杂志”纷纷在格林威治村设立总部，为新作家打造了平台。大批参加1913年“第一届美国国际现代艺术展”（First International Exhibition of Modern Art in America）——“军械库艺术博览会”（Armory Show）的艺术家也是村里的居民。

这一时期最具表现力的事件是1917年的“拱顶之乱”（Arch Rebellion），当时有六个“阴谋家”，其中包括艺术家约翰·斯隆（John Sloan）和马塞尔·杜尚（Marcel Duchamp），冲进了通往

下页图 纽约市1994年6月26日举行“石墙25号”（Stonewall 25）同性恋尊严游行，纪念石墙事件25周年（从石墙抗争的当天开始算起）。游行者们举着长达几英里的彩虹旗从第一大道（First Avenue）走到中央公园。

USA94
BUS
BUS

上图 杰西 · 塔博克斯 · 比尔斯（Jessie Tarbox Beals）是公认的世界上首位女性图片新闻记者。这张照片大约拍摄于1918年，选自她格林威治波希米亚文化主题的作品集。照片里的人物是雕塑家伊迪斯 · 安格（Edith Unger），他是西四街上疯帽匠茶馆（Mad Hatter Tea Room）的老板。该茶馆的口号是“钻到兔子洞里”（Down the Rabbit Hole），在照片右边靠下的位置；墙上刻着刘易斯 · 凯罗（Lewis Carroll）的《爱丽丝梦游仙境》（*Alice's Adventures in Wonderland*）的一句话：“我们这里的人都疯了——我疯了，你疯了。你一定疯了，否则你不会来这里。”

华盛顿广场拱门(Washington Square Arch)顶部的楼梯间，到达顶部，放飞气球，鸣枪示意，宣布格林威治村从联邦分离出去，从此成为“自由和独立的华盛顿广场共和国”。

美国参加第一次世界大战时，格林威治村开始商业化，当地的企业为了满足外来者的好奇心，开发了观光旅游和特色餐馆。村里大肆兜售非正统的习俗项目，淡化了该村特立独行的光环，令鄙视资本主义价值观的真正波希米亚文化蒙羞。20 世纪 20 年代，充满活力的反文化也消散了，当地民间组织开始筹划修复社区的破旧房屋，房地产开始了发展。20 世纪 30 年代的大萧条阻碍了这一进程，但广告牌已经重新安好，该地区房租非常贵，个性全无，令人反感。

第二次世界大战后，伴随着一批新艺术家入驻格林威治村，村里的波希米亚主义又重新焕发了活力。“垮掉的一代”（Beat Generation）到来，并带来了激进的社会和艺术实验主义。先锋派作家艾伦·金斯伯格（Allen Ginsberg）和阿米里·巴拉卡（Amiri Baraka）等人，抽象表现主义画家杰克逊·波洛克（Jackson Pollock）和弗朗兹·克莱恩（Franz Kline）等，成为当时的先驱。在 20 世纪 50—60 年代，格林威治村是民间音乐复兴的发源地，两个名为琼·贝兹（Joan Baez）和鲍勃·迪伦（Bob Dylan）的无名小卒在街角和小咖啡馆弹奏吉他。布利克街（Bleecker Street）的街面剧院推出非传统戏票，得到了 1955 年首次出版的报纸——《格林威治之声》（*Village Voice*）的支持。

一个大型同性恋社区沿着克里斯托弗街（Christopher Street）发展开来。尽管当地居民对此非常宽容，但社区仍然经常遭受到警察的歧视与暴力。1969 年 6 月，警方和克里斯托弗街上一个同性恋酒吧——石墙酒吧（Stonewall Inn）的顾客发生了冲突，引发了石墙抗争事件，这被视为现代同性恋权利运动（Stonewall Rebellion）的催化剂。

20 世纪 70 年代初，格林威治村经历了反越战抗议，同性恋激进主义抬头，幻觉药物实验和其他非传统活动。游客源源不断来到这个多彩的非主流思想发源地（至今还是这样），尽管曾经居住在这里并为社区塑造传奇历史的艺术家、作家和革新者已经负担不起社区几百万美元的公寓和高档精品店的租金。

民谣复兴

20 世纪 30 年代，格林威治村是民谣的中心。民谣当时是政治宣传的重要工具，也是大萧条期间劳动人民表达心声的方式和抗议的另一种形式。皮特·西格（Pete Seeger）是那个时代最著名的民谣歌手之一，在 20 世纪 50—60 年代，他为民谣复兴做出了努力，使民谣成为民权运动（Civil Rights）和反越战运动的传声器。来自中西部的鲍勃·迪伦受到吸引，来到格林威治村进行演唱，如位于西四街和米可街（Mercer Street）的格迪斯民歌城 (Gerdes Folk City) 等俱乐部也推出了其他影响深远的表演，其中琼·贝兹、皮特、保罗和玛丽贡献尤为突出。

上页图 鲍勃·迪伦于 1965 年 1 月在纽约市哥伦比亚 A 演播厅录制了专辑《席卷而归》(*Bringing It All Back Home*)，当时他的脖子上挂着口琴。迪伦哀伤、若有所思的演唱代表了那个时代，也唱出了格林威治村的气氛。

华盛顿广场是纽约波希米亚大本营——格林威治村象征性的心脏。由贝蕾尼斯·阿伯特（Berenice Abbott）于1936年拍摄的全景中，华盛顿拱门正居中心。拱门的右边是第五大道(One Fifth Avenue)，后边是位于第五大道东南角和第8街交会处的装饰艺术公寓大楼（1929年），该大楼有29层。图中可以看到，远处中心是位于第五大道和第34街交会处的帝国大厦。

哈莱姆与西班牙哈莱姆

北部曼哈顿社区的地理边界，也就是哈莱姆（Harlem），随着时间的迁移而改变，这一变化在很大程度上是因为社区人口结构发生了变化，但是今天，边界大致是：从第 110 街到第 155 街是西曼哈顿，从第 96 街到第 142 街是东曼哈顿。人们通过故事和歌曲来歌颂东西两个社区，它们作为非裔美国人和拉丁裔美国人后代的文化之都，形成了人类定居以来的族群多样性。

本土印第安人很有可能在荷兰人到来之前就开始广泛使用“哈莱姆”一词。冬天，曼哈顿无法提供足够的避寒场所，但在天气温暖的那几个月里，德拉瓦（Lenape）人会住在狩猎和捕鱼的帐篷里，他们也会在北曼哈顿和其他地方种植庄稼。当荷兰开拓者们在他们日后称之为哈莱姆的地区发现草地时，他们着实吃了一惊。草地是当地人放火清地形成的。

印第安人分布稀疏的居住点渐渐变成了荷兰人的农场。新尼德兰（New Netherland）的总督皮鲁斯·司徒维桑特（Petrus Stuyvesant）在 1657 年建立了纽哈莱姆（Nieuw Haarlem）。当时新批准设立的城市新阿姆斯特丹位于曼哈顿南端，而纽哈莱姆就在新阿姆斯特丹以北大约 10 英里处，那是个很小的村庄，分布在

上图 汉密尔顿农庄（Hamilton Grange）是独立战争以来纽约少数幸存至今的建筑之一。修建于 1801—1802 年，主人是亚历山大 · 汉密尔顿（Alexander Hamilton）。他是美国第一任财政部长、纽约邮政和纽约银行的创始人。该庄园是根据汉密尔顿在苏格兰的古宅命名的。

上图 哈莱姆车道，大致相当于今天的圣尼古拉斯大道，从中央公园延伸到曼哈顿维利尔村（Manhattanville），是19世纪纽约人最喜欢的赛马场地。左边可见曼哈顿维利尔的圣玛丽教堂（St. Mary’s Church）的白色塔尖。

今天哈莱姆河沿岸的东第 121 街和东第 125 街之间。

150 年后，该地区大部分仍旧是耕地。19 世纪初，东区的哈莱姆村有 91 户人家、一座教堂、一所学校和一家图书馆。哈莱姆东区内的乡村建筑星罗棋布，哈莱姆车道（Harlem Lane）——差不多也就是今天的圣尼古拉斯大道（St. Nicholas Avenue），是纽约爱马者最爱的比赛场地。

哈莱姆东区发展最早，形成了自身的特色。1879 年，第三大道的高架铁路延伸到这里，大量移民来到此地居住，其数量之多，史无前例。移民大部分是意大利人（他们居住在欢乐大道和东第 116 街，曾经是美国规模最大的“小意大利”）和东欧犹太人。1898 年波多黎各成为美国属地后，特别是在 1917 年《琼斯法案》（Jones Act）将波多黎各人全部纳入美国公民范围后，波多黎各人开始离开海岛，搬到美国大陆。第二次世界大战后，波多黎各移民数量大增，这是因为自然灾害和波多黎各的经济动荡迫使大批人背井离乡。到了 20 世纪 40 年代后期，哈莱姆东区因当地房价低廉，交通便利，加上早期意大利和犹太移民建立了劳工组织——一大半在美国的波多黎各人都加入了工会——吸引了大部分波多黎各移民。人们开始使用“东哈莱姆”和“西班牙哈莱姆”称呼该区，位于区中心最大的波多黎各人聚居区只是被称作“巴瑞奥”（El Barrio）社区。

同时，在西边，19 世纪 70 年代，哈莱姆河、哈德逊河铁路，以及第八大道的高架铁路（不久之后阿姆斯特丹大道的有轨电车与此相连）吸引大量居民，使得西区形成了郊区。19 世纪 80 年代后期，人们期待已久的地铁修建计划（1904 年完工）引发了投资

上图 《卡洛琳的恶作剧》（*Carolyn Capers*）的一幕。该剧是由东哈莱姆区东第128街111号的一家名叫卡洛琳洗衣店（Carolyn Laundry）的员工在1934年创作的戏剧。

和开发土地的热潮。房屋供应过度加上20世纪早期的国家经济衰退造成大批房屋空置，然而开发商们并不愿意把这些房子租给急需新房的非裔美国人。这些非裔美国人来自曼哈顿传统的黑人中心——格林威治村和名字中带着“色彩”的西区中心社区，如腾德罗林（Tenderloin）和圣胡安山（San Juan Hill），更多的则来自美国南部的种族隔离区。到了20世纪20年代，哈莱姆成为传说中的美国黑人文化之都，人口快速增长，大批非裔美国人生出一种自豪感（新造的术语叫作“新黑人”），原有的城市居民和来自美国南部和加勒比地区（Caribbean）的移民思想发生融合，形成了新形式的文学和音乐——也就是哈莱姆文艺复兴的全盛期。

作家大批涌入哈莱姆——兰斯顿·休斯（Langston Hughes）的诗歌采用了非裔美国人音乐，特别是蓝调和爵士乐的节奏；佐拉·尼尔·赫斯顿（Zora Neale Hurston）出版了以南方黑人民间传说为蓝本的故事集。他们联合创办了哈莱姆手提箱剧院（Harlem Suitcase Theater），专门演出针对普通人的戏剧。作曲家和乐队领袖爱德华·肯尼迪·艾灵顿、钢琴家斐茨·沃勒（Fats Waller）和其他许多音乐家以及歌手如比莉·霍利戴（Billie Holiday）和艾拉·菲茨杰拉德（Ella Fitzgerald）精心设计了早期爵士乐的节奏——这是美国对世界音乐的第一大贡献——创造出令人兴奋的新声音。在位于哈莱姆第125街的阿波罗剧院（Apollo Theater），许多演员登台演出，首次即获得巨大成功。在阿波罗剧院，人们能发现全纽约最令人兴奋的娱乐活动。

上图 由约瑟夫 · 罗德里格斯（Joseph Rodriguez）拍摄于 1987 年。此照片拍摄了在东哈莱姆区一个名叫“斯凯利”（Skelly）的游戏。斯凯利是一个经典的纽约街头游戏。游戏的玩法是人们轻轻把瓶盖扔过用粉笔或油漆画在地面上的格子。

经济大萧条夺走了哈莱姆的部分光芒，这里的居民因种族主义和机会不足而遭到了不公平待遇。四十年后的70年代，纽约市经历了财政危机，哈莱姆和西班牙哈莱姆都受到撤资和毒品盛行的困扰；直到20世纪末，这两个社区才从当地的萧条中走出来。但是，60—70年代的非裔美国人和波多黎各人骄傲地继承了自己的传统，创造了非裔加勒比人（Afro-Caribbean）的文化形式，如萨尔萨舞曲，并且建立了新的文化机构，如哈莱姆画室博物馆（Studio Museum in Harlem）和巴瑞奥博物馆（El Museo del Barrio）。巴瑞奥博物馆起初建在上西区，不久后搬到了西班牙哈莱姆。就在哈莱姆和其他内城社区都因失业和城市没落受到重创时，新一代年轻人开始发展一种名叫嘻哈（hip-hop）的反文雅风格，嘻哈融合了涂鸦、霹雳舞、DJ和饶舌，并且很快成为一种世界性的风格。

从20世纪90年代开始，哈莱姆和东哈莱姆获得了新投资，并历经了新的人口结构的转变。非拉丁裔越来越青睐这两个社区，因为这两个社区的房价便宜，并且离曼哈顿中区和城区的商业区很近。哈莱姆社区的居民大部分仍然是非裔美国人，但是经济社会地位很低的人们努力奋斗，才能支付在哈莱姆的生活成本，各个阶层的哈莱姆黑人都担心这个社区将来不再是美国黑人的文化之都。东哈莱姆现在住着来自墨西哥、多米尼加共和国和其他拉丁美洲国家、非洲和其他地区的移民，是上曼哈顿最具多样性的社区。居住在东哈莱姆的老波多黎各人努力让该地保持其作为波多黎各社区发源地的地位。

搭乘“A”列

在所有哈莱姆歌曲中，最著名的可能是那首标准爵士乐《搭乘“A”列》（*Take the ‘A’ Train*）。由比莉·斯特雷霍恩（Billy Strayhorn）作曲，乐队领袖“公爵”艾灵顿无数次合奏，1941 年该曲首次录音，很快成为艾灵顿乐队的签名曲。17 岁的歌手乔亚·舍瑞尔（Joya Sherrill）在广播中听到了该乐曲，为它作了词。通过一个共同的朋友，乔亚的父亲安排她和艾灵顿见了面，以便她有机会将自己写的歌词唱给他听。艾灵顿采纳了乔亚的歌词，并在 1942 年聘她做自己乐队的主唱，那时乔亚仅仅高中毕业六个月。歌词歌颂了 IDN 地铁线的特快列车。

下页图 传奇爵士作曲家、钢琴家和乐队领袖“公爵”（Duke）艾灵顿（Edward Kennedy Ellington，1899—1974）与他的乐队，拍摄于 1925 年。在其 50 年的职业生涯中，艾灵顿涉足了不同流派，并留下了大量的爵士乐谱。

带我去看球赛

20 世纪，职业运动产生，纽约的运动队和粉丝们的热情在某种程度上影响了纽约的公众文化。整个 20 世纪，五大联盟（Five Major League）棒球队和九支黑人联盟（Negro League）棒球队，至少 17 支职业足球队，男子和女子专业篮球队，以及专业的网球、拳击、橄榄球、冰球和其他许多项目的运动员都以纽约为大本营。

棒球热差不多主导了那个世纪，主要是因为各位忠实的球迷。50 多年里，纽约市因为自己占有三大联盟队，同时其中两个队又在同一联赛比赛，而显得与众不同。布鲁克林道奇队（Brooklyn Dodgers）和纽约巨人队（New York Giants）每年都争夺全国联赛冠军，竞争非常激烈——球迷也有同感。一个赛季有 22 场比赛，地方队在曼哈顿波罗球场（Polo Grounds）或布鲁克林艾比兹球场（Ebbets Field）进行比赛，热情的两方球迷互相瞧不起。除此之外，还有一股暗流在涌动：多民族之间，多种族之间，布鲁克林工薪阶层和拥有特权的上层人物之间的社会和文化斗争。

这些球队中的某一支经常在世界联赛中遭遇纽约洋基队（New York Yankees）。洋基队在 20 世纪 20 年代变成了一支劲旅，那时棒球率先成为伟大的商业化产物，贝比·鲁斯（Babe Ruth）领衔的全明星阵容开启了那个时代（该球队在布朗克斯新的体育场被称为“鲁斯盖的房子”），随后卢·盖瑞克（Lou Gherig）和乔·迪马奇奥（Joe DiMaggio）等人不断推进该行业的发展。布鲁克林球迷钟爱的道奇队因为在 1947 年，作为一支现代联盟的主要球队，率先与非洲裔球员杰基·罗宾森（Jackie Robinson）签约，成为超级明星。罗宾森是加州大学洛杉矶分校的明星运动员，在大学中参加过橄榄球、棒球和田径运动。在他的带领下，道奇队在 1955 年的世界联赛中夺冠，这是该队唯一一次在此比赛中夺冠。然而，仅仅两年后，道奇队和巨人队一起搬去了加利福尼亚，此举令布鲁克林球迷心碎。许多纽约人从来都没有原谅过两支球队的老板——巨人队的贺拉斯·斯托纳姆（Horace Stoneham）和道奇队的沃尔特·奥马利（Walter O' Malley）。人们尤其不能原谅后者，因为他夺走了布鲁克林的心头肉——他们挚爱的道奇队。

1962 年全国联盟扩张，新球队纽约大都会（New York Mets）棒球队（Mets，大都会的缩写）成立，这稍稍安慰了布鲁克林球迷。大都会队为许多失去心头所爱——道奇队和巨人队的球迷们提供了情感寄托，也使得纽约全国联盟的传统得以传承。许多曾与布鲁克林道奇队和纽约巨人队交过手的球队也前来同新球队比赛。大都会队很快就入驻皇后区新建成的谢亚球场（Shea Stadium），并于 1969 年在世界联赛中创造奇迹，打败洋基队。

凑巧的是，1969 年年轻的纽约喷气机（New York Jets）橄榄球队在著名的四分卫乔·纳麦斯（Joe Namath）的带领下，也获得了总冠军。纽约橄榄球发展成职业运动的道路完全不同于棒球，它主要通过知名的大学球队描绘其历史。这些大学球队在 19 世纪后期吸引了大批追随者，当时也有其他城市的球队选择来纽约打比赛。全市首个专业橄榄球队直到 1921 年才建立，短命的布里克里巨人队（Brickley's Giants）也在同年建立；1925 年，纽约巨人

下页图 波罗球场由建筑师亨利·B. 赫茨（Henry B. Herts）设计，1911 年建于西第 157 街和哈莱姆河高速公路交会处。地铁线路的延伸使得城市里一大批人能够加入球迷队伍，前来观看纽约洋基队（到 1923 年）、巨人棒球队（到 1957 年）、巨人橄榄球队（1925—1955 年），以及纽约大都会队（1962—1963 年）的比赛。该体育场于 1964 年被拆除。

JAY HAMBIDGE

队成立，同巨人棒球队共用一个体育场——上曼哈顿波罗球场。第二次世界大战后，大学仍是体育运动的主力军，当时巨人橄榄球队的人气不断上升，尤其是巨人棒球队和道奇棒球队离开纽约后，一段时间内纽约的棒球热渐渐平息。到了 20 世纪 50 年代，弗兰克·吉福德（Frank Gifford）不仅驰名球场，也成了广告明星，他的人气也是人们更加喜欢巨人队的原因。60 年代，喷气机队声名大噪，虽然喷气机队和巨人队现在都在新泽西打球，纽约球迷依旧把喷气机队视为家乡的英雄。职业篮球走了另一条发展道路。过去，篮球是城市里的穷人在操场上玩的贫民区运动，整个 30 年代，犹太球员统治着这一项目，战后非裔美国人渐渐占了上风。篮球运动在大学里特别流行，1950 年传奇的城市大学队（City College）成为历史上唯一一支在一年内同时赢得全国大学体育协会（NCAA）联赛和全国邀请赛双料冠军的大学男子球队。次年，该队有七名球员深陷诈分丑闻中，被指控收受贿赂和密谋，轰动全市。到了 21 世纪初，纽约尼克斯队（New York Knicks）和纽约自由女神队（New York Liberty，女队）都在麦迪逊广场花园打比赛，同时，一场有争议的活动正在酝酿之中，新泽西网队（New Jersey Nets）打算搬到纽约，入驻一个计划建在布鲁克林城区的体育场。在其他已经成为职业运动的项目中，网球尤其值得人们关注。美国的第一场网球比赛于 1874 年在斯塔滕岛举办，玛丽·尤因·奥特布里奇（Mary Ewing Outerbridge）将网球引入了斯塔滕岛板球俱乐部。1915 年，美国国家锦标赛在皇后区森林小丘举办；该赛事在 1968 年发展成美国公开赛，当年的冠军是一位名叫阿瑟·阿希（Arthur Ashe）的年轻非洲裔球员，现在举办公开赛的体育场就是以他的名字命名的。他和其他运动员为纽约的青少年树立了榜样，激励他们在城市的公园和球场打网球、棒球、斯托普球、壁球和滑冰，不久之后，这些运动在纽约蔚然成风。

上图 1895 年，改革者和业余摄影师雅各布·里斯在曼哈顿下西区一个操场拍到了这张男子球队的照片，目的在于呼吁人们关注该市穷人家的孩子们，让人们知道他们玩耍的环境有多恶劣。照片中看不到一棵草，这个操场看起来更像是监狱。然而，照片记录了那个时刻。

上图 该徽章颁发给了报道1949年在布鲁克林艾比兹棒球公园（Ebbets Field）举办的全明星比赛的媒体（埃比茨棒球公园在1913年4月—1957年9月间是布鲁克林道奇队的本部）。道奇队老板查尔斯·埃比茨（Charles Ebbets）彼时购买了公园这块地并建成了可容纳18000人的场地设施，并以自己的名字命名了这个体育场。1957年赛季结束后，道奇队搬到了洛杉矶。1960年，为了腾出地方开发房地产，人们拆除了该公园。

右图 2009年11月4日，2009年职业大联盟（MLB）世界棒球联赛的第六场在布朗克斯洋基体育场举行，纽约洋基队7:3战胜了费城费城人队，队员们赛后庆祝的情景。

NEW YORK
EST 1903
2009 PLAYOFFS
2

NEW YORK CENTRAL

& HUDSON RIVER RAILROAD.

5 GREAT LIMITED TRAINS 5

The NEW YORK CENTRAL is distinguished as the only line in America running Five Great Limited Trains to the West every day in the year, presenting a superb service uniformly correct in every detail. Following is the order of their departure from Grand Central Station **FOR THE GREAT CITIES OF THE WEST:**

THE EMPIRE STATE EXPRESS. NO EXTRA FARE.	At 9.00 a. m. every day, except Sunday; arrive at Buffalo 5.40 p. m., Niagara Falls 6.35 p. m. "THE FASTEST REGULAR PASSENGER TRAIN IN THE WORLD."—(53½ Miles an Hour.)
THE CHICAGO LIMITED.	At 10.00 a. m. every day, 138th Street 10.09 a. m., arriving at Chicago 9.45 a. m. next day, via the Lake Shore. "THE FAST MAIL ROUTE."
THE SOUTHWESTERN LIMITED. NO EXTRA FARE.	At 1.30 p. m. every day, 138th Street 1.40 p. m., arriving at Cincinnati 11.20 a. m., Indianapolis 11.55 a. m., St. Louis 7.15 p. m. next day, via "THE BIG FOUR ROUTE."
THE WORLD'S FAIR SPECIAL. NO EXTRA FARE	At 1.30 p. m. every day, 138th Street 1.40 p. m., arriving at Chicago 3.00 p. m. next day, via New York Central and Lake Shore. "THE FAST MAIL ROUTE."
THE NORTH SHORE LIMITED.	At 4.30 p. m. every day, arriving at Chicago 4.30 p. m. next day, via the Michigan Central. "THE NIAGARA FALLS ROUTE."

In addition to the above magnificent service, the New York Central has eleven other daily trains across the Empire State, to the

NORTH AND WEST.

GEO. H. DANIELS, Gen'l Passenger Agent, Grand Central Depot.

MILTON C. ROACH, Gen'l Eastern Pass. Agent, [illegible] Broadway, New [illegible]

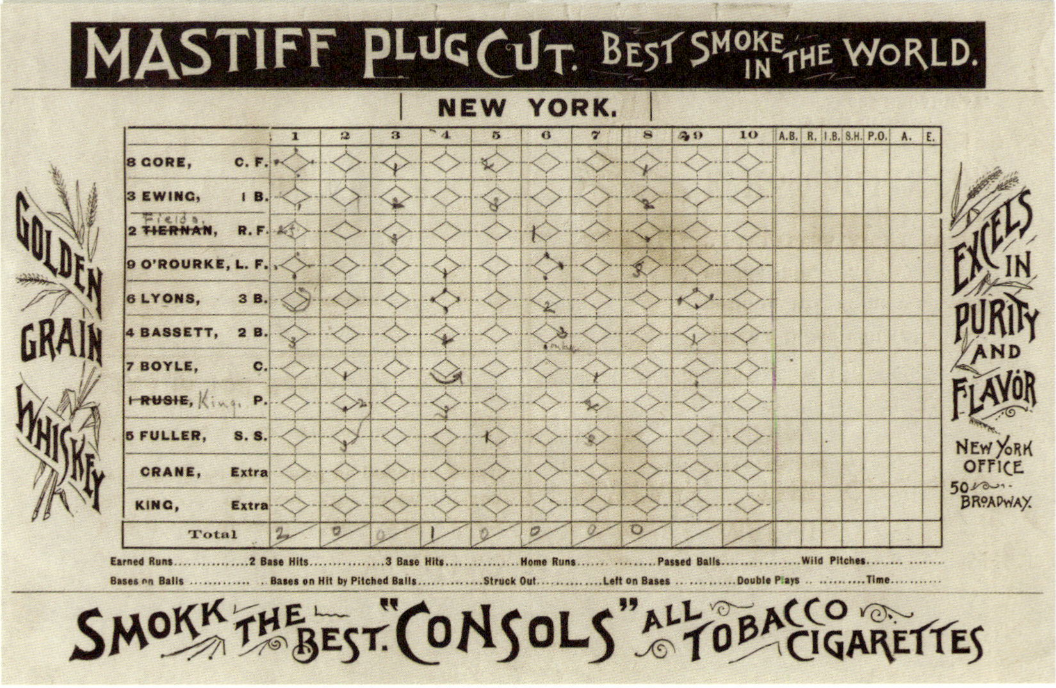

MASTIFF PLUG CUT. BEST SMOKE IN THE WORLD.

NEW YORK.

	1	2	3	4	5	6	7	8	9	10	A.B.	R.	I.B.	S.H.	P.O.	A.	E.
8 GORE, C. F.																	
3 EWING, 1 B.																	
2 ~~TIERNAN~~ Fields, R. F.																	
9 O'ROURKE, L. F.																	
6 LYONS, 3 B.																	
4 BASSETT, 2 B.																	
7 BOYLE, C.																	
1 ~~RUSIE~~, King, P.																	
5 FULLER, S. S.																	
CRANE, Extra																	
KING, Extra																	
Total	2	0	0	1	0	0	0	0									

Earned Runs........ 2 Base Hits........ 3 Base Hits........ Home Runs........ Passed Balls........ Wild Pitches........

Bases on Balls........ Bases on Hit by Pitched Balls........ Struck Out........ Left on Bases........ Double Plays........ Time........

NEW YORK
BALL
CLUB
OFFICIAL
SCORE
SEASON
OF
1892
DIGBY. N.Y.
COPYRIGHTED.
PRICE 5 CENTS.

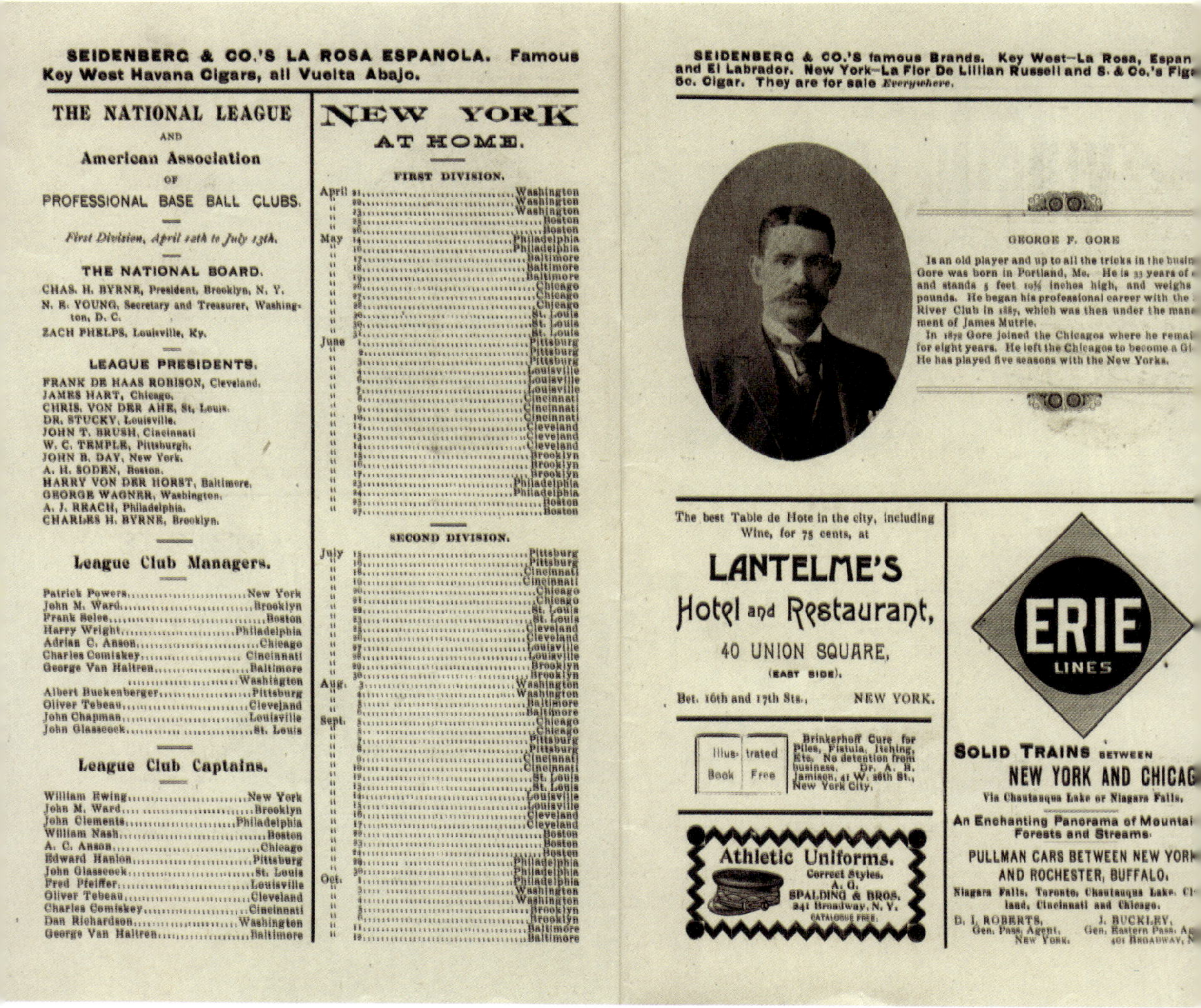

上页图和上图 纽约球类俱乐部（New York Ball Club）是国家联盟和美国棒球俱乐部协会的一个分支。纽约队球员包括奥罗克，可能是詹姆斯·亨利·奥罗克（James Henry O’Rourke），他被称为“演说者吉姆”，其著名的职业生涯从1876年持续至1892年。

体育媒体

纽约的报纸帮助纽约的体育变得更加商业化，同时也更加专业。19 世纪 20 年代，《纽约剪影》（*New York Clipper*）和《时代精神》(*Spirit of the Times*)等报纸开始报道赛马以及新运动——棒球。到了 19 世纪 90 年代，报社意识到专业体育运动越来越受欢迎，开始以整版的篇幅报道城市的运动队。棒球、足球和篮球的新闻报道扩大了这些运动的知名度，并将纽约市民的目光从 19 世纪比较休闲的体育活动上吸引过来。

体育报道也增加了报纸的发行量，提高了报社的利润。到了 20 世纪中叶，纽约地区已有十几家报纸出版发行——四家早报：《每日镜报》（*Daily Mirror*）、《每日新闻》（*Daily News*）、《先驱导报》(*Herald Tribune*)和《时报》(*Times*)；三家下午报：《世界电报》（*World - Telegram*）、《太阳报》（*Sun*）、《美国周刊》（*Journal - American*）和《邮报》（*Post*）；“岛上”报纸，有《长岛新闻》（*Long Island Press*）、《新闻日报》（*Newsday*）和《布鲁克林鹰报》（*Brooklyn Eagle*）。体育记者如弗兰克·格雷厄姆（Frank Graham）和雷德·史密斯（Red Smith）成了小有名气的名流，并开发了忠实的读者群。读者期望读到有关当地运动队的独家报道，所以有十家报纸都派出记者跟踪报道纽约的棒球俱乐部。许多家庭养成了一天买两三份报纸的习惯，只是为了看一场比赛的不同报道。

战争中的纽约

美国大城市的军事历史最早可追溯至 17 世纪 40 年代，当时荷兰士兵和民兵与当地的德拉瓦印第安人发生了冲突。接着就是 1664 年英国人征战新阿姆斯特丹，纽约人驾驶武装民船，与法国人和西班牙人进行的反殖民战争。在美国独立战争期间，霍威将军 1776 年为英王乔治三世拿下了纽约。直到战争结束七年后，英国才放弃对城市的控制权，并于 1783 年 11 月 25 日撤离纽约。

19 世纪到 20 世纪，纽约处于国家军事风暴的风口浪尖。它是美国当今最大的港口，金融和商业中心，也是国家派遣驻外军队的始发地。围绕美国的外交和军事政策，纽约经常成为动员中心和冲突中心。纽约港的战略重要性使其非常担心受到攻击。在美国与英国发生第二次冲突，也是就 1812 年战争前夕，纽约为其战备保障加筑了四个堡垒，其中包括总督岛上（Governors Island）的威廉城堡（Castle William）和克林顿城堡（Castle Clinton），它们原本在曼哈顿南岸边，但后来通过填海形成了小岛（克林顿城堡，后改名为花园城堡，继续其传奇和丰富多彩的历史，既作为音乐厅，又作为移民在前埃利斯岛日的登岛点，既作为水族馆，又作为参观自由女神像和埃利斯岛的售票点）。

可以清楚地表明，内忧外患都会对国家造成威胁。纽约人对邦联（Confederate）条款的分歧很大。很多纽约人为了废除奴隶制度，积极志愿参加战斗，许多领头的商人则和南方种植园主沆瀣一气，

上图 纽约国民警卫队第七团（New York’s Seventh Regiment National Guard）成立于 1847 年，因其成员大多属于城市精英，被称为“丝袜团”（silk stocking regiment）。到 19 世纪 60 年代，它已有 1000 多名成员。该团在南北战争期间效力于北方，并被召回纽约帮助平息 1863 年 7 月 13 日的征兵暴乱（Draft Riots）。这张照片反映了这一场景。

上图 1898 年在纽约港举行海上阅兵，纪念海军上将威廉 · 托马斯 · 桑普森 (William Thomas Sampson) 和准将温菲尔德 · 斯科特 (Winfield Scott) 在古巴圣地亚哥 (Santiago) 战役中大胜西班牙人。当战舰航行到第 123 街附近的格兰特墓 (Grant's Tomb) 时，连续鸣枪 21 次以示纪念。画家弗雷德 · 潘辛（Fred Pansing）记录了下来。

FRED PANSING

上图 位于第五大道和第 24 街交会处的“一战”胜利拱门（The First World War Victory Arch）建于 1919 年，以示对战争死难者的纪念。建筑师托马斯·黑斯廷斯（Thomas Hastings）采用了木头和石膏，以便人们以后用更持久的材料重建。人们在由谁来修建拱门以及谁来支付费用的问题上产生了分歧，这一工程因此搁置，临时拱门最终被拆除。

输送“白色黄金”（white gold）——高利润的棉花，并运往世界各地。所谓的“铜头蛇”（Copperheads）强烈反对维护邦联的战争，甚至鼓动纽约市本身分离出去，成为独立的国家，与别国进行自由交易。

对战争最大的分歧在于移民劳工，他们担心奴隶制废除后，大量非裔美国人劳动力会涌入市场，压低工资。他们也对征兵政策感到愤怒，因此该政策允许富人花钱抵兵役，使问题变成了“富人的战争却由穷人在战斗”。1863 年 7 月 13 日，美国历史上最恶劣的暴乱在第三大道第 47 街第九区征兵办公室爆发了。暴徒们把他们的怒气都洒在了纽约黑人身上，把纽约变成了他们自己的作战区，烧毁了征兵办公室和有色人种孤儿所（Colored Orphan Asylum）。纽约征兵站的暴乱最终造成至少 105 人死亡，财产损失预计达 300–500 万美元。

20 世纪的大冲突都发生在离纽约很远的地方。第一次世界大战期间，正如《名利场》（*Vanity Fair*）一书中所说，“战争对纽约的冲击并不像对伦敦、巴黎、罗马那样。纽约的生活照旧，仍旧有蛋糕和麦芽酒——尽管胡佛先生——和生姜让口腔发热。”但是，战争让纽约人分化，自称“百分百的美国人”反对德国移民、和平主义者、左派和敢于质疑战争结果的人。

第二次世界大战带来了配给制，夜间灯火管制，成百上千的士兵蜂拥街道，到台口餐厅（Stage Door Canteen）吃免费食物，观看大明星的免费演出，这是时代广场上庆祝对日作战胜利日的标志活动。这一切都使得纽约成为战争结果的一个象征。但是值得注意的是，第二次世界大战对欧洲城市造成了毁灭性的后果，却为纽约开辟了一个新时代，使其成为世界之都。正如伟大的法国建筑师勒·柯布西耶（Le Corbusier）在 1947 年评价道，“今天，它属于全世界。任何人都没想到，它已经成为世界城市皇冠上的明珠。”

第二次世界大战后的乐观主义渐渐褪去，然而，当纽约经历20世纪60年代到70年代的困难时期时，另一场——更加有争议的——战争再次将纽约分崩离析。越南国内的冲突使得纽约的街头、公园和校园骚动起来。成百上千的人组成反战联盟，其中包括1969年10月的“暂停”（Moratorium）。但是支持战争的人民也组成联盟，双方在1970年5月8日的所谓“建筑工人暴动”（hard hat riot）中发生冲突，建筑工人在下曼哈顿的大街上攻击反战示威者。市长约翰·V. 林赛认为这是一个城市问题，声称这场动乱吸走了本可用于社会急需项目的几十亿美元，他成为反战运动中的全国政治代表性人物。

2001年，一伙恐怖分子不宣而战，对纽约发动恐怖袭击，撞毁了纽约的标志性建筑双子塔，这成为纽约现代史上最惨烈的经历。灾难发生后的几天里，硝烟依旧弥漫在纽约街头，纽约人，以及美国人紧密联合起来，这可能是他们有史以来最团结的一次。“明天纽约还在，”市长鲁道夫·朱利亚尼宣称，“我们会重建家园，我们会更加坚强……我想让纽约市民为美国及世界其他地方的人做出榜样，告诉他们恐怖主义不能阻止我们。”

下页图 纽约长岛莱维敦鸟瞰图。新郊区在很短时间内建好了整齐划一的住房，用来缓解第二次世界大战后的房屋短缺。

战后

第二次世界大战，美国进入一段繁荣发展的时期——与此同时，城市也开始进入长时期衰落。《退伍军人法案》为数百万老兵提供了免费在大学学习和置办产业的机会，同时也为郊区的发展奠定了基础。新兴的社区，如长岛的莱维敦（Levittown），如雨后春笋般发展，解决了战后房屋短缺的问题。连通郊区的道路主要由联邦政府负责修建，其州际高速公路计划不仅为长岛，也为新泽西、康涅狄格、韦斯特切斯特等地提供了促进区域经济发展的基础设施。有人预测城市时代就此落幕，然而，新落户的居民和坚定的市民们最终证明关于纽约没落的报告是不成熟的，在21世纪，纽约市规模之大，人口之多，前所未有。

下页图 第二次世界大战期间，纽约的安防措施包括调整时代广场的灯光和频繁的空袭演练。灯光密集，足以照到洛克威（Rockaway）边线，使人们能够发现德国潜艇的攻击。图中布告放在住宅显眼位置，指导纽约人在空袭来临时做出反应。

READ THIS – IT MAY SAVE YOUR LIFE

AIR RAID INSTRUCTIONS

	BLUE SIGNAL SUSTAINED NOTE ON SIREN	RED SIGNAL WARBLING NOTE ON SIREN	BLUE SIGNAL (AFTER RED SIGNAL) SUSTAINED NOTE ON SIREN
If at home	If dark, obscure or turn out lights visible from outside. *Keep RADIO on.*	DON'T PHONE. Turn off gas burners. Windows partly open. Go to cover area of building. *Keep RADIO on.*	Home blackout remains. Activities otherwise normal. *Keep RADIO on.*
If in commercial or public building	By day, continue normal business activities. Same by night, if blackout equipment is used.	Seek cover area in building. Follow WARDEN'S instructions. KEEP RADIO ON	Same as first BLUE SIGNAL.
If out walking	Continue your walk, prepared to take cover.	Take cover. THE NEAREST COVER	Same as first BLUE SIGNAL.
If in car or truck	Continue driving, cautiously. At night use only low beam headlights.	Pull to curb and stop. Don't obstruct hydrants, hospitals, etc. Put out lights. Take cover.	Same as first BLUE SIGNAL.
PARENTS, if your children are at school	Stay at home. Teachers are trained and ready. DON'T PHONE! NO, NO!		
If on bus or trolley	Vehicles continue, at night using low beam headlights. Continue your trip.	Vehicle will stop. You take cover. THE NEAREST COVER	Same as first BLUE SIGNAL.
If in subway	Transit facilities not interrupted.	Stay on train or platform.	Trains resume normal schedule.
If on el train or platform	Stay where you are. Transit facilities not interrupted.	Train stops at next station. Take cover in nearby building.	Trains resume normal schedule.
If you hear a RUMOR	Ignore it. Obey AIR WARDEN'S instructions. PST! PST! PST!		
If you want to SHOUT, SCREAM, or RUN	DON'T.		
If bombs drop near you in the open	Lie down and protect the back of your head.		

FRED COOPER

THE ALL-CLEAR WILL BE ANNOUNCED OVER THE RADIO AND BY POLICE AND WARDENS' WHISTLES

This card to be placed on elevator, kitchen, or other prominent wall for the duration of the war.

F. H. LaGuardia, *Mayor*

THIS PLACARD DISTRIBUTED BY COURTESY OF RADIO STATIONS WABC·WEAF·WHN·WJZ·WNEW·WNYC·WOR

New Era Litho. N. Y.

艺术之城

今日的纽约是美国（也可以称得上是全球）的艺术中心，是视觉艺术和表演艺术的领头羊。但过去并非一直如此。实际上，纽约在早期更多的是和金钱联系在一起，而非和卓越的艺术联系在一起，纽约过去一直在努力塑造自己比物质主义中心更加深刻的形象。它逐渐成为世界艺术的舞台，跨越两个世纪的四大关键时刻帮助它创造性地实现了美术和表演艺术的交融，推动其占据文化主导地位。

1870 年是一个转折点，那年大都会艺术博物馆（Metropolitan Museum of Art）落成。在合众国早期，纽约将自己打造成艺术中心，地位上超过美国的设计中心费城（Philadelphia）。1825 年，国家设计学院（National Academy of Design）在纽约成立，为纽约市视觉艺术的发展提供了场所——建成了美国第一所艺术学校。1842 年，纽约成立了自己的交响乐团——纽约爱乐交响乐团（New York Philharmonic Society）。内战后建成的纽约认为自己应该构建称得上世界之都的艺术场所，希望以此与欧洲大城市竞争。由此不仅催生了大都会艺术博物馆（纽约哈德逊河学校的画家在此展示美国壮观的风景画，同时欧洲艺术家的作品也在此展出），还有其他一大批引人注目的文化机构和组织。其中包括以艺术家群体命名的沙玛冠帝美术俱乐部画廊（Salmagundi Club，1871 年）、纽约神剧音乐社（Oratorio Society of New York，1871 年）、艺

上图 这张 1894 年请柬中提到的新建筑是第五大道大都会艺术博物馆大门的翼楼，由理查德 · 莫里斯 · 亨特（Richard Morris Hunt）设计，带有学院派建筑风格。亨利 · G. 马昆德（Henry G. Marquand）是博物馆的第二任馆长和藏品的主要捐赠人。

著名的大都会艺术博物馆位于第五大道，馆藏超过200 万件，从古典藏品、欧洲大师杰作到美国现代艺术品应有尽有。

Cézanne to Picasso
Vollard Patron of the Avant-Garde
TAXI STAND
NO STANDING EXCEPT TAXIS

术学生联盟（Art Students' League，1875 年）、美国艺术家协会（Society of American Artists，1877 年）、纽约交响乐协会（New York Symphony Society，1878 年）、大都会歌剧院（Metropolitan Opera，1883 年）和卡内基音乐厅（Carnegie Hall，1891 年）。这些和其他战前的机构，如布鲁克林音乐学院（Brooklyn Academy of Music，1861 年）展示了欧洲风格的美术、音乐和舞蹈文明的影响。

仅仅不到 50 年，一切就已是沧海桑田。1913 年，虽然美国人还是指望着欧洲的引导，但这次不是为了学术传统的稳定，而是为了前卫艺术。当年纽约举办了具有里程碑意义的“军械库艺术博览会”——“第一届美国现代艺术国际展”，向纽约市民介绍了欧洲的现代主义作品。组委会的成员都是“垃圾箱画派”（Ashcan School）艺术家，其中包括罗伯特·亨利（Robert Henri）和约翰·斯隆（John Sloan），他们通过油画和版画探索现代城市生活的真实性。另一支重要力量是先驱摄影师阿尔弗雷德·施蒂格利茨（Alfred Stieglitz），他五年前在第五大道开设了画廊 291，通过各种媒介展览现代艺术。同时，艺术家中知名的舞蹈家如伊莎多拉·邓肯（Isadora Duncan）和露丝·圣·丹尼斯（Ruth St. Denis），进行了现代形式的舞蹈实验。大众舞池里，拉格泰姆（ragtime）流行，弗农与艾琳城堡（Vernon and Irene Castle）在纽约市民中掀起了新交谊舞狂潮。这种交谊舞颠覆了维多利亚时代的陈规。受到曼哈顿音乐的启发，查尔斯·艾夫斯（Charles Ives）借《夜幕下的中央公园》（*Central Park in the Dark*）一曲，开始探索全新形式的非和弦音乐。纽约的艺术世界似乎是弗吉尼亚·伍尔夫（Virginia Woolf）笔下“自从或差不多从 1910 年 12 月开始，人的性格变了”的真实写照。

1948 年，杰克逊·波洛克在东第 57 街贝蒂·帕森斯画廊（Betty Parsons Gallery）首次展出了他的“滴画”（drip paintings），改革蓄势待发。20 世纪 20—30 年代的哈莱姆文艺复兴的多学科艺术运动助推了美国音乐、舞蹈、散文和诗歌领域的新生。第二次世

上图 该广告宣传了柯里尔＆艾夫斯公司，他们主张“为人民而印制”。该公司雇用了艺术家、印刷工和手工调色工，以流水线的形式生产艺术作品。

界大战期间，大批欧洲的艺术家和知识分子为了躲避法西斯主义和战争的破坏，纷纷前往纽约，并带来了先进的艺术理念。在纽约，他们同年轻的美国艺术家们在军械库艺术展上交流观点，并一起创办了纽约学派（New York School）——一场包括抽象表现主义（Abstract Expressionist）绘画、实验音乐、后现代舞蹈和前卫诗歌的跨学科运动。该运动与包括垮掉派（Beat）诗歌和波普爵士乐等内战后的纽约新艺术力量遥相呼应，并从中汲取了灵感。这一切累加形成了令人陶醉的艺术文化氛围。一些画家如威廉·德库宁（Willem DeKooning）、杰克逊·波洛克、李·克拉斯纳（Lee Krasner）和马克·罗斯科（Mark Rothko）与其他有创意人，如雕塑家路易丝·布尔茹瓦（Louise Bourgeois）和野口勇；诗人约翰·阿什伯里（John Ashbery）和弗兰克·奥哈拉（Frank O’Hara）；编舞莫斯·坎宁汉（Merce Cunningham）和玛莎·格雷厄姆（Martha

上图 第一座大都会歌剧院位于百老汇和第 39 街，1883 年开业，表演标准歌剧，所有歌剧都是意大利文。这幅于 1944 年拍摄的照片中，3700 个座位看上去座无虚席。1966 年，该剧院迁到位于市郊的新林肯表演艺术中心（Lincoln Center for the Performing Arts），但它的热度并没有因此减弱。

Graham）；作曲家约翰·凯奇（John Cage）、音乐家迈尔斯·戴维斯（Miles Davis）、特勒纽斯·蒙克（Thelonius Monk）和查理·帕克（Charlie Parker）；摄影师罗伯特·弗兰克（Robert Frank）、弗雷德·麦克达拉（Fred McDarrah）和亚伦·西斯金德（Aaron Siskind），在格林威治村里的大学城（University Place）雪松酒店（Cedar Tavern）切磋交流。就这样，现代艺术世界的风向标第一次明确地从巴黎转移到了纽约；1948年底，画家巴尼特·纽曼（Barnett Newman）明确了艺术的"崇高"本质，他说："我相信，在美国，我们其中一些人挣脱了欧洲文化的束缚，通过彻底否定美和来自美的艺术找到了那个答案。"

20世纪70年代后期，一股全新的势力正定义着全新的纽约"学派"。哈莱姆、南布朗克斯和布鲁克林街头兴起了现在被称为"老派"（or"old skool"）的嘻哈文化，当时上述社区正遭受社会轻视、经济下滑以及城市病的困扰。同20世纪50年代的纽约学派相似，纽约嘻哈文化集音乐、艺术、舞蹈和说唱于一体——不过这次带着一种反抗、直率以及非常城市的风格。在篮球场上，在社区公园里，非裔和拉美裔青年创造了形成嘻哈文化的元素：涂鸦、霹雳舞、刮碟、饶舌、取样、口技以及穿衣新风格和自我表现的新形式。由DJ库尔·海科（Kool Herc）、阿福利卡·巴巴塔（Afrika Bambaataa）、闪手大师（Grandmaster Flash）、愤怒五人（Furious Five）——其中成员凯斯·考博（Keith Cowboy）被认为是"嘻哈"一词的创造者，以及发布首张嘻哈唱片《饶舌者的快乐》（*Rapper's Delight*）的糖山帮（Sugarhill Gang）这些先锋领衔，1979年东海岸嘻哈文化为纽约这座钢筋混凝土的城市日常生活注入了活力，并且创造了地区性的鲜明风格。20世纪后期，嘻哈文化是美国影响力最大的文化输出产品，也是最重要的——以及最有利可图的——世界风。

柯里尔 & 艾夫斯公司

柯里尔 & 艾夫斯公司是19世纪纽约的一家公司，主营业务是将美术作品制成印刷品，并且手工着色，被称为“廉价流行印刷品的中心大仓库”，也就是说几乎人人都买得起他家的艺术品。该公司由纳撒尼尔·柯里尔（Nathaniel Currier）和詹姆斯·米瑞特·艾夫斯（James Merritt Ives）联合创办，在1857—1907年的50年间，生意非常火爆，平均每周都要生产三到四幅新的不同主题的印刷品。众所周知，该公司位于下曼哈顿，生产了7000多种不同版本艺术品的百万件复制品。柯里尔 & 艾夫斯公司创作的新闻插图和政治卡通吸引了廉价小报的读者，它的图画非常有设计感，并且比雕版和彩色石印画卖得便宜。该公司制作的名人肖像和历史场景图比起早期的照片色彩更加饱满，更加生动。该公司一幅顶级的大开作品只需要1.5美元到3美元，小幅作品只需几美分，价钱非常亲民。在美国，家家户户都有柯里尔 & 艾夫斯公司制作的图画。

上图 交响乐大厅（Philharmonic Hall）是林肯表演艺术中心的第一座大楼，于1959年5月14日动工，这座占地16.3英亩的艺术建筑由约翰·D.洛克菲勒三世（John D. Rockefeller III）设计，罗伯特·摩斯的城市复兴计划使其得以破土开工。现在有12家艺术组织入驻。1973年，交响乐大厅更名为艾弗里·费舍音乐厅（Avery Fisher Hall）。

上图《红方块》（*Red Cube*）是野口勇在 1968 年创作的一件雕塑作品。该作品位于纽约金融区，自由街（Liberty Street）和雪松街（Cedar Street）之间的百老汇。

上图 纽约哈莱姆画室博物馆的玻璃大厦。

文艺界

因其文化和街区生活欣欣向荣，出版产业繁荣密集，加之作家汇聚于此，纽约早已证明自己对作家们的吸引力。但是，文学史的阶段和种类如此丰富，以至于不得不打破常规的文学类别或文学风格。大多数历史学家都认为它的起源可以追溯到 19 世纪初，当时华盛顿·欧文（Washington Irving）在第一部重要讽刺作品《自古至荷兰占领为止的纽约史》（*A History of New York from the Beginning of the World to the End of the Dutch Dynasty*）中描述了纽约过去作为殖民地的大众形象以及其新兴的身份。他与居住纽约多年、创作出《最后的莫西干人》（*The Last of the Mohicans*）的詹姆斯·菲尼莫尔·库伯（James Fenimore Cooper），发出美国文学新的声音。

紧接着欧文一代的新作家更有开拓精神。作家包括曾在格林威治村（现为上西区，布朗克斯）生活的爱伦·坡（Edgar Allan Poe），批判作家玛格丽特·富勒（Margaret Fuller），写有带自传性质的《誊写员巴特比》（*Bartleby the Scrivener*）等多部作品的纽约本地作家赫尔曼·梅尔维尔（Herman Melville），曾担任报社记者（也在《布鲁克林鹰报》做编辑）、自费出版第一部多版本诗集《草叶集》（*Leaves of Grass*）的沃尔特·惠特曼的诗歌，如《一路摆过布鲁克林渡口》（*Crossing Brooklyn Ferry*），灵感来源城市生活的日常经历。

自19世纪晚期，小说家们敏锐地将创作主题转移到了新兴的都市生活中。包括亨利·詹姆斯（Henry James）《华盛顿广场》（*Washington Square*）、伊迪丝·华顿（Edith Wharton）《纯真年代》（*The Age of Innocence*）、威廉·迪安·豪威尔斯（William Dean Howells）《新财富的危险》（*A Hazard of New Fortunes*）、斯蒂芬·克莱恩（Stephen Crane）《街头女郎玛吉》（*A Girl of the Streets*）和西奥多·德莱塞（Theodore Dreiser）《嘉莉妹妹》（*Sister Carrie*）等都反映了“镀金时代”（Gilded Age）纽约生活中复杂的社会习俗、贫富的极端分化以及迅速变化的大都市形态。

20世纪20年代，一个与詹姆斯及其同时代人描绘的维多利亚城市截然不同的新纽约正在形成。移民、企业财富的增长和新潮时尚感使得20世纪多种多样的文学在纽约形成。其中一派文学与一批新创办的文学杂志紧密相连，起初是一些《拨号》（*Dial*）和《小评论》（*Little Review*）之类的“小杂志”，第一次世界大战前后主要出版于格林威治村，之后则体现在新杂志《纽约客》（*The New Yorker*）中。曼哈顿第44街阿尔冈琴酒店的日常午餐聚会是《纽约客》犀利、讽刺、优雅幽默的形象范例。包括多萝西·帕克（Dorothy Parker）、埃德娜·费伯（Edna Ferber）、哈罗德·罗斯（Harold Ross）、罗伯特·本奇利（Robert Benchley）和亚历山大·伍尔科特（Alexander Woolcott）在内的这一批作家、评论家、剧作家、记者和演员群体被誉为“阿尔冈琴圆桌”（Algonquin Round Table），他们帮助创造也展现了20世纪20年代桀骜不驯的时代基调。然而，没有任何一个作家能像弗朗西斯·斯科特·菲茨杰拉德（F. Scott Fitzgerald）一样突出体现了这一时代精神。他的小说《了不起的盖茨比》（*The Great Gatsby*）反映了他和妻子塞尔达（Zelda）的光鲜生活，他创造了“爵士时代”（the Jazz Age）这一名词。

与此同时，在哈莱姆以北几英里，詹姆斯·韦尔登·约翰逊（James

莲花俱乐部（Lotos Club）内景。它是1910年左右美国历史最悠久的文学社之一，成立于1870年，其名称和格言取自阿尔弗雷德·丁尼生勋爵(Alfred Lord Tennyson)于1832年创作的诗歌《食莲者》（*The Lotos Eaters*）第一节。最初它只对男性开放，吸引了来自全市学术界、文学圈专业人士。他们欢迎各界名流参加他们的宴会。马克·吐温（Mark Twain）是该俱乐部的早期成员，他称该俱乐部为“王牌俱乐部”（the Ace of Clubs）。

Weldon Johnson）、克劳德·麦凯（Claude McKay）、卓拉·尼尔·赫斯顿（Zora Neale Hurston）等黑人作家开辟了新的文学领域，兰斯顿·休斯（Langston Hughes）发现了“新黑人”（New Negro）文化。他们从爵士乐、南方黑人传统和自己的都市体验等多种渠道获得灵感，创造了探索异化和异国情调等主题的生动文学和文化场景。正如哲学家阿兰·洛克（Alain Locke）所说，“黑人世界抓住了第一次团体表达和自我决定的机会”。

如果《纽约客》是20世纪20年代纽约文学期刊的新秀，那么《党派评论》（*Partisan Review*）则是大萧条时代及其之后的名品，为20世纪30年代受到激进政治启发并带动城市大学狂热辩论文化的新知识分子作家提供了大本营。他们探索性行为、潜意识和政治行动等问题，并时不时地用批判性的态度看待美国社会。在其近70年的历史中，《党派评论》发表了莉莲·海尔曼（Lillian Hellman）、玛丽·麦卡锡（Mary McCarthy）、德尔莫尔·施瓦茨（Delmore Schwartz）、詹姆斯·艾吉（James Agee）、索尔·贝洛（Saul Bellow）、诺曼·梅勒（Norman Mailer)、苏珊·桑塔格（Susan Sontag）和其他人的作品。加上后来创办的《纽约书评》（*The New York Review of Books*），这些创办于20世纪20—30年代的纽约杂志在一个多元的文学世界中创造了一个“中心”。

到了20世纪末和21世纪初，各种文化运动在活力四射的纽约都进行得有声有色。从汤姆·沃尔夫（Tom Wolfe）到奥斯卡·尤洛思（Oscar Hijuelos）、弗兰克·麦考特（Frank McCourt）、托妮·莫里森（Toni Morrison）和迦勒·卡尔（Caleb Carr），不同的声音为这个城市的出版社、文学期刊以及世界书库带来了色彩。

下页图 阿尔冈琴酒店（Algonquin Hotel）位于曼哈顿西区第44街，1902年开业。自1919年以后十年里，其玫瑰厅（Rose Room）成为上层作家、演员及音乐家的日常集会地点。拍摄于2009年。

HOTEL
THE Algonquin
THE Algonquin

左图 拍摄于1887年，纽约诗人沃尔特·惠特曼时年68岁。据他本人所说《草叶集》的灵感来自“在布鲁克林和纽约15年以来和无数人打交道的经历，这种经历亲密、热切、无所顾忌，难以超越”。

左图 弗朗西斯·斯科特·菲茨杰拉德的作品《了不起的盖茨比》第一版封面，出版于1925年。这部作品描述了“喧嚣20年代”美国特权阶级的优越生活。

了不起的盖茨比

“从皇后区大桥（Queensboro Bridge）看到的城市永远是第一次看到的城市，它一开始就孕育了世界中所有的神秘与美丽。”——《了不起的盖茨比》

弗朗西斯·斯科特·菲茨杰拉德最有名的小说出版于1925年，其背景设置在第一次世界大战后的纽约市和长岛北岸。主角——尼克·卡拉韦（Nick Carraway）来自中西部地区，收入不菲，参加过第一次世界大战，战后定居纽约“学习债券业务”。当时经济飞速发展，并且实行禁酒令，纽约市及其富裕的北岸（North Shore）郊区是财富和充盈的中心。尼克·卡拉韦住在西卵区（West Eg）富镇一座夏日别墅的时候，他遇见了神秘的邻居杰伊·盖茨比（Jay Gatsby），并记述了盖茨比为弥补新富阶层和上流阶层差距所做的努力。

《了不起的盖茨比》是半自传作品，被视为一部揭示“美国梦”破灭的重要作品。像来自中西部的尼克·卡拉韦一样，菲茨杰拉德也夸大并批判了“喧嚣20年代”（Roaring Twenties）纽约的奢侈。如同书中的主人公后来开始厌恶纽约的生活，最终回到中西部地区一样，菲茨杰拉德本人对纽约也感到大失所望，在小说出版两年后移居法国。

T 台之上

纽约作为美国时尚之都的角色植根于它是美国最早的服装生产地。全市服装制造商在南北战争开始前加工男士成衣，为服装业的发展奠定了基础。到了 19 世纪中叶，服装生产已经成为纽约最大的制造业。但是该行业的分水岭出现在 20 世纪初：为了满足不断增多的职场女性需求，制造商开始向其提供市场现成的裁剪西服套装、罩衫紧身衣和裙子，开辟了现代服装产业。服装行业改变着纽约的经济、政治、文化并塑造城市环境，而纽约反过来——准备改造世界的着装方式。第一次世界大战期间，纽约市聚集了全国近三分之二的服装生产企业，许多企业都集中在下东区。大规模生产成衣的批发企业依赖剪裁的专业知识、设计灵感和由欧洲移民提供的丰富劳动力快速发展。一些移民（尤其是德国和东欧犹太人）力图建立自己的企业，而其他人（如意大利人）主要为现有企业提供雇佣劳动力。许多工人在血汗工厂、家庭作坊以及其他疏于监管甚至危险厂房里卖命，1911 年三角（Triangle）女衫厂火灾极度渲染了其悲剧性。

在这场特大火灾发生后，改革派和工会鼓提倡使用现代化安全设施。同时，第五大道的物业和业主试图隔离生产厂房、零售店和居民区，并把移民工人同上层阶级的居民和购物者分开。到了 20 世纪 20 年代，这些不同的议程被汇集起来，于是诞生了一个服装中心（Garment Center）——曼哈顿中城一块有 15 个街区的地

右图 直到 20 世纪 30 年代，纽约人在穿衣和时尚方面都模仿巴黎。查尔斯·弗雷德里克·沃斯（Charles Frederick Worth，出生于英格兰林肯郡（Lincolnshire）和他开办的巴黎时装屋为“镀金时代”大多数的纽约家庭提供华丽的高级时装。这件安妮·舍默霍恩(Annie Schermerhorn) 在 1878 年穿过的结婚礼服体现了沃斯闻名的精美设计和优质面料。

出自路易斯·毛雷尔（Louis Maurer）的版画描绘了 1870 年在位于百老汇第 13 街和第 14 街之间的家用缝纫机公司（Domestic Sewing Machine Company）专卖店外的时髦纽约客。“女人领地”（Ladies’ Mile）店位于百老汇和第六大道第 9 街到第 23 街交会处，它是当时的奢侈品店。

NG. MACHINES.

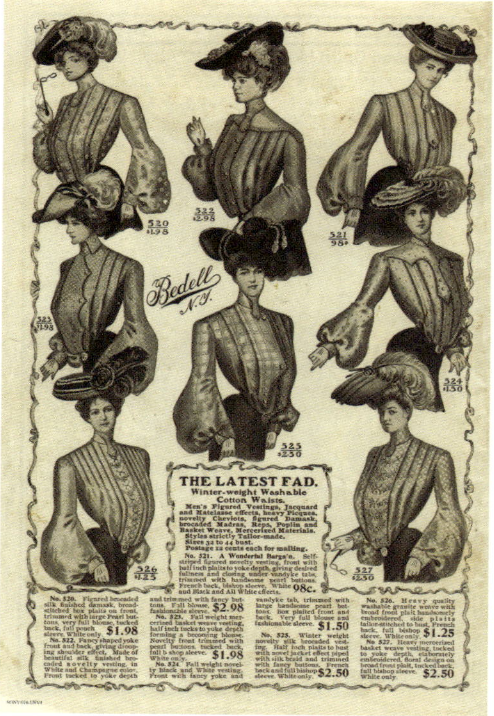

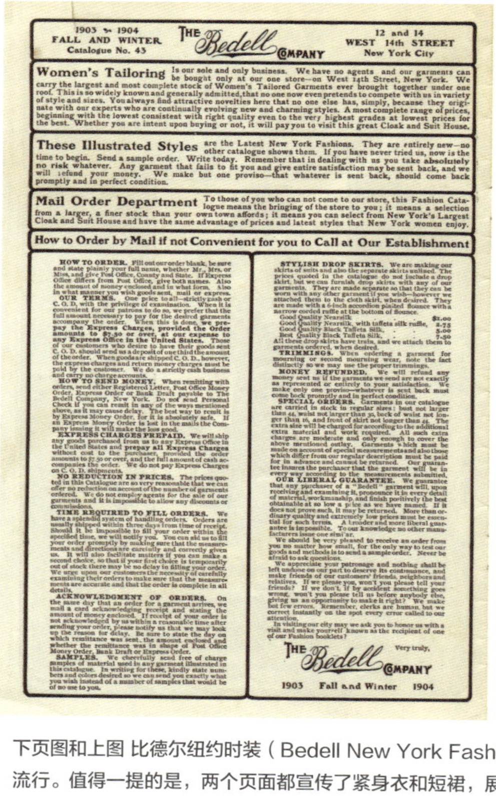

下页图和上图 比德尔纽约时装（Bedell New York Fashions）目录插图表明“S”型身材在 20 世纪初的女性中非常流行。值得一提的是，两个页面都宣传了紧身衣和短裙，展现了制造商为越来越多的女性劳动力做出的改变以及现代服装产业的开端。

12 and 14 West Fourteenth Street
The Bedell Company
Bet. Fifth & Sixth Avenues New York City
Fall Style Vogue "The Wheel of Fashion Turns and Keeps forever Turning." Entirely New Lines—more fulness to garments—fancy sleeves. Novel cape effects that gives the broad shoulder appearance which is now so desirable. The knee-length coat with the instep-length skirt—new collarless effects. Prince Albert Coat, the Cutaway Coat and the Corset Coat with more fulness in the back below the waist line—and the Russian Blouse with long skirt.
No. 200. Beautiful Suit, Scotch tweed mannish mixtures, new Louis XIV collarless blouse frock coat (taffeta silk lined), handsome large revers, trimmed with beautiful silk braid, new military capes, novelty sleeves, entire coat trimmed with handsome buttons, nine gore plaited skirt with panel front and kilted bottom, full flare, entire suit beautifully tailored. $22.50
No. 201. Elegant Costume, imported pannecheviot, long frock coat (heavy quality taffeta silk lined), plaited back and front, novelty cape, piped with silk, fancy sleeves, new cuffs, handsome revers trimmed with imported braid, new skirt, plaited panel back and front, high graduated plaited flounce, finished at top with tucks. Black, Blue and Brown. $35.00
No. 202. Stunning Suit, best imported venetian cloth, Collarless Frock Coat (silk lined), circular cape, like picture, elaborately trimmed with taffeta bands, beautifully tailor-stitched, full pouch sleeve, fancy cuffs, seven gore, full flare skirt, silk trimmed to match coat, mercerized drop lining. Black or Blue. $20.00
No. 203. This Swell Suit, made from best imported cheviot, in black, brown and blue, seventeen gore, knee length Prince Albert Corset Coat (lined with heavy quality taffeta), entire skirt of coat laid in deep side plaits, all seams are strapped with self-material, silk velvet collar, fancy sleeves, nine gore, strapped seams, skirt very full flare, habit or inverted plait back. The entire suit is beautifully tailored. $30.00
No. 204. The Belle of New York, $16.98, high grade English cheviot, the long skirted blouse (silk lined), West Point cape over drooping shoulders, military cuffs, entire suit finished with numerous rows of tailor-stitching, new flaring skirt, front panel and all gores side plaited to flounce depth, full ripple flare. Black, Blue and Brown. $16.98
No. 205. This Stunning Costume, fine English panne cheviot, Knee Length Frock Coat (taffeta silk lined), plaits front and back trimmed with silk buttons, novelty capes, new Parisian sleeves, collar, cuffs and belt of silk, handsomely tailor-stitched, magnificent silk ornaments on front, new fancy nine gore skirt, extreme flare, elegantly tailored and trimmed with silk buttons like picture. Black, Blue, Brown. $30.00
We Pay Express Charges anywhere on Cash Orders amounting to $7.50 or over.

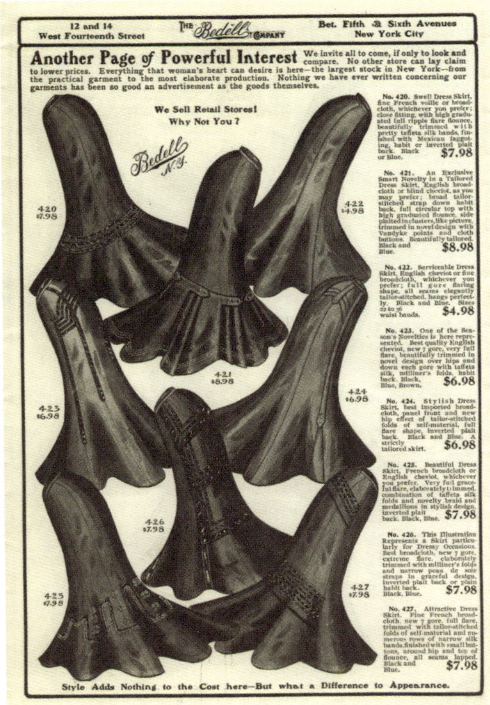
12 and 14 West Fourteenth Street
The Bedell Company
Bet. Fifth & Sixth Avenues New York City
Another Page of Powerful Interest We invite all to come, if only to look and compare. No other store can lay claim to lower prices. Everything that woman's heart can desire is here—the largest stock in New York—from the practical garment to the most elaborate production. Nothing we have ever written concerning our garments has been so good an advertisement as the goods themselves.
We Sell Retail Stores! Why Not You?
Bedell N.Y.
No. 420. Swell Dress Skirt, fine French voille or broadcloth, whichever you prefer; close fitting, with high graduated full ripple flare flounce, beautifully trimmed with pretty taffeta silk bands, finished with Mexican faggoting, habit or inverted plait back. Black or Blue. $7.98
No. 421. An Exclusive Smart Novelty in a Tailored Dress Skirt, English broadcloth or blind cheviot, as you may prefer; broad tailor-stitched strap down habit back, full circular top with high graduated flounce, side plaited in clusters, like picture, trimmed in novel design with Vandyke points and cloth buttons. Beautifully tailored. Black and Blue. $8.98
No. 422. Serviceable Dress Skirt, English cheviot or fine broadcloth, whichever you prefer; full gore flaring shape, all seams elegantly tailor-stitched, hangs perfectly. Black and Blue. Sizes 22 to 36 waist bands. $4.98
No. 423. One of the Season's Novelties is here represented. Best quality English cheviot, new 7 gore, very full flare, beautifully trimmed in novel design over hips and down each gore with taffeta silk, milliner's folds, habit back. Black, Blue, Brown. $6.98
No. 424. Stylish Dress Skirt, best imported broadcloth, panel front and new hip effect of tailor-stitched folds of self-material, full flare shape, inverted plait back. Black and Blue. A strictly tailored skirt. $6.98
No. 425. Beautiful Dress Skirt, French broadcloth or English cheviot, whichever you prefer. Very full graceful flare, elaborately trimmed, combination of taffeta silk folds and novelty braid and medallions in stylish design, inverted plait back. Black, Blue. $7.98
No. 426. This Illustration Represents a Skirt particularly for Dressy Occasions. Best broadcloth, new 7 gore, extreme flare, elaborately trimmed with milliner's folds and narrow peau de soie straps in graceful design, inverted plait back or plain habit back. Black, Blue. $7.98
No. 427. Attractive Dress Skirt. Fine French broadcloth, new 7 gore, full flare, trimmed with tailor-stitched folds of self-material and numerous rows of narrow silk bands, finished with small buttons, around hip and top of flounce, all seams lapped. Black and Blue. $7.98
Style Adds Nothing to the Cost here—But what a Difference to Appearance.

12 and 14 West Fourteenth Street
The Bedell Company
Bet. Fifth & Sixth Avenues New York City
Vltra Fashionable Silk Coats that have the correct style—that will please the women of fashion. The Knee Length Frock Coats—three-quarter length—Swagger loose or half-fitted Coats—Plaited Norfolk and Corset Coats, and the Swell Box Coats. Fifty different styles and wide range of prices to select from—it is useless to go elsewhere. In no other store will prices be anywhere near as low—quality considered.
No. 301. Stunning Black Peau de Soie Silk Frock Collarless Coat, Louis XV. Skirt, fancy shape cape, entire garment trimmed with silk straps and passementerie ornaments, silk serge, lined throughout and interlined, pouch sleeve and dressy cuffs. $10.98
No. 302. Swagger Long Coat, of best English Kersey Cloth, satin lined throughout, novelty capes with military stole, elegantly tailor-stitched, inlaid panne, velvet collar and cuffs, cavalier sleeve trimmed with steel buttons. Light Tan, Castor, Black. $20 00
No. 303. Stylish Louis XV. Coat, knee length, superb quality Black Peau de Soie Silk, lined all through with satin and interlined, double-breasted, collarless, with novel capes, trimmed with beautiful silk ornaments, full pouch sleeve with cuff, Black. $17.98
No. 304. Elegant Frock Coat, good quality Black Peau de Soie Silk, satin lined throughout and interlined, single-breasted blouse, Louis XV. skirt, combination yoke with slashed cape, military collar, Paquan sleeve and cuff, and belt of self-material; entire coat trimmed with silk braid and ornaments; elegantly tailor-stitched. $12.98
No. 305. Swagger London Box Coat. Fine quality Black Peau de Soie Silk, lined throughout with silk serge and interlined, collarless, with cadet capes; entire coat elaborately trimmed with combinations of faggoting and satin straps, passementerie ornaments, Paquan sleeve with cuff. Price Wonder, Only $9.98
No. 306. Charming Louis XIV. Coat, best quality imported Black Peau de Soie Silk, extra long skirt, has clusters of graduated side plaits, circular plaited cape, fancy sleeve and cuffs, handsome imported novelty trimming on facing, lined throughout with White or Black Duchess Satin and interlined. $27.50
No. 307. Handsome Coat, best English Cheviot, novelty yoke, piped with satin and trimmed with handsome braid and ornaments, large revers trimmed with imported braid, plaits back and front, handsomely tailor-stitched, novelty sleeve and cuff piped to match yoke, satin lined. $30.00
No. 308. Ultra Fashionable Paletot, superb quality Black Peau de Soie Silk, satin lined throughout and interlined, fancy cape, beautifully trimmed with clusters of milliner's folds of same material, elegant imported trimming on facing, novelty tailor-stitched collar, graduated watteau plait back, pouch sleeve. $25.00
Bedell N.Y.
Our Mourning Order Department. Special Care and Strict Attention given all Orders.

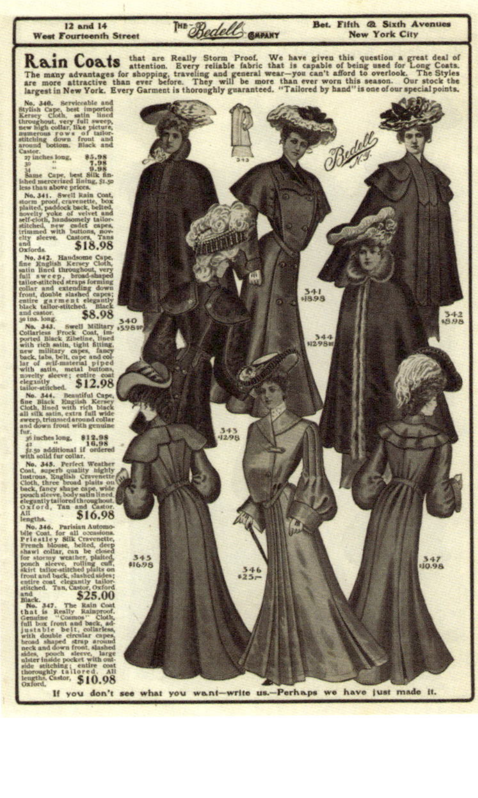
12 and 14 West Fourteenth Street
The Bedell Company
Bet. Fifth & Sixth Avenues New York City
Rain Coats that are Really Storm Proof. We have given this question a great deal of attention. Every reliable fabric that is capable of being used for Long Coats. The many advantages for shopping, traveling and general wear—you can't afford to overlook. The Styles are more attractive than ever before. They will be more than ever worn this season. Our stock the largest in New York. Every Garment is thoroughly guaranteed. "Tailored by hand" is one of our special points.
No. 340. Serviceable and Stylish Cape, best imported Kersey Cloth, satin lined throughout, very full sweep, new high collar, like picture, numerous rows of tailor-stitching down front and around bottom. Black and Castor.
27 inches long, $5.98
30 " 7.98
34 " 9.98
Same Cape, best Silk finished mercerized lining, $1.50 less than above prices.
No. 341. Swell Rain Coat, storm proof, cravenette, box plaited, paddock back, belted, novelty yoke of velvet and self-cloth, handsomely tailor-stitched, new cadet capes, trimmed with buttons, novelty sleeve. Castors, Tans and Oxfords. $18.98
No. 342. Handsome Cape, fine English Kersey Cloth, satin lined throughout, very full sweep, broad-shaped tailor-stitched straps forming collar and extending down front, double slashed capes; entire garment elegantly black tailor-stitched. Black and castor. 30 ins. long. $8.98
No. 343. Swell Military Collarless Frock Coat, imported Black Zibeline, lined with rich satin, tight fitting, new military capes, fancy back, tabs, belt, cape and collar of self-material piped with satin, metal buttons, novelty sleeve; entire coat elegantly tailor-stitched. $12.98
No. 344. Beautiful Cape, fine Black English Kersey Cloth, lined with rich black all silk satin, extra full wide sweep, trimmed around collar and down front with genuine fur.
36 inches long, $12.98
42 " 16.98
$2.50 additional if ordered with solid fur collar.
No. 345. Perfect Weather Coat, superb quality highly lustrous, English Cravenette Cloth, three broad plaits on back, fancy shape cape, wide pouch sleeve, body satin lined, elegantly tailored throughout. Oxford, Tan and Castor. All lengths. $16.98
No. 346. Parisian Automobile Coat, for all occasions. Priestley Silk Cravenette, French blouse, belted, deep shawl collar, can be closed for stormy weather, plaited, pouch sleeve, rolling cuff, skirt tailor-stitched plaits on front and back, slashed sides; entire coat elegantly tailor-stitched. Tan, Castor, Oxford and Black. $25.00
No. 347. The Rain Coat that is Really Rainproof. Genuine "Cosmos" Cloth, full box front and back, adjustable belt, collarless, with double circular capes, broad shaped strap around neck and down front, slashed sides, pouch sleeve, large ulster inside pocket with outside stitching; entire coat thoroughly tailored. All lengths. Castor, Oxford. $10.98
Bedell N.Y.
If you don't see what you want—write us.—Perhaps we have just made it.

区建了数百个顶尖标准的厂房和展厅。这是世界上第一个服装生产工业园，能够容纳该产业的许多部门——服装设计和加工部门；子产业如面料、刺绣、纽扣、配料、针线和缝纫机维修；以及销售——这里有几千家公司（大多是小公司）运营，他们互相协作构成一个复杂的整体。

第二次世界大战期间和战后几年，两种力量促使纽约服装业转型为时尚业。这个城市在战前已有的生产和销售匹配达到了效率和组织的高点。同时，纽约设计已经成熟，并填补了法国因战争而暂停运营的时装店真空，由此带来世界时尚的再度创新。

如果认定一个事件作为纽约市开始成为国际时尚之都的标志，那么它就是 1943 年的第一个时装周（Fashion Week）。本次活动由时尚传奇人物埃莉诺·兰伯特（Eleanor Lambert）组织，为使美国时尚得到承认，减少美国对法国时尚的依赖，必须让美国设计师有机会在一系列能最终决定整个行业发展趋势的走秀中展示他们最新的设计。早先提倡美国设计，但就其能否超越巴黎时尚持保留意见的《时尚》（*Vogue*）等美国新潮杂志大篇幅报道了此次时装周。时装周试水之后，纽约每半年即主办一场全国最富魅力、广为人知的时尚盛宴，并见证了时装周传播到世界三大时装之都——伦敦、巴黎和米兰的成功。

首次时装周推出的全新美国款式使整个产业蒸蒸日上，培养了一大批设计人才，他们看到了自主品牌的前景。加上同样由兰伯特推出的科蒂时装评论家奖（Coty’s Fashion Critics Award）的激励，新一代纽约创新者决绝地摆脱了巴黎时尚界的统领。20 名新秀标榜自己为美国时尚设计师，包括比尔·布拉斯（Bill Blass）、唐纳德·布鲁克斯（Donald Brooks）、诺曼·诺雷尔（Norman Norell）、阿诺德·斯卡赛（Arnold Scaasi）和保林·崔格瑞（Pauline Trigere）等，1962年联手建立了美国时装设计师协会（Council of Fashion Designers of America，简称 CFDA）。

第一届 CFDA 奖颁奖典礼于 1981 年举行，它的风头盖过了较为低调的科蒂奖并且将 20 世纪 90 年代的大势推向顶尖服装公司的崛起。这些新兴企业大鳄采用各种品牌营销技巧把自己塑造成纽约时尚界的引领者，同时预示了小型批发制造商时代的终结。

同服装行业的新动态相呼应，20 世纪 80 年代初一种来自纽约街头的时装潮流出现了：嘻哈风格。这种新兴的风格因其流行的运动、宽松的款式使得服装业的老前辈们坐立不安，成功挑战了纽约时尚界当权派的霸主地位。一时间，标签和衣服都印上了流行嘻哈明星偶像的名字，这些明星也将他们的角色从表演者延伸到了设计者并且永远地改变了美国服装的形象。

今天，服装中心仅有 25000 名工人，分别为 150 个工厂工作。然而，尽管服装的生产流水线已经转移到了国外，但设计师和公司总部仍旧在纽约。设计师、样品制造商、销售人员、专业承包商和款式供应商继续以纽约作为运作中心，保持着其世界时尚之都和文化之都的地位。

约瑟夫 · J. 凯泽公司（Joseph J. Keyser Company）位于西第 36 街 225 号，在这张照片拍摄时，该地区已经成为纽约市的服装区。图中工人们正在工厂车间为服装做立体裁剪。

上图 在 20 世纪 30—40 年代，邦德服装（Bond Clothes）是美国最大的男士服装零售连锁店，尤以出售西装闻名。这家邦德服装店位于时代广场百老汇大街 1530 号，1940 年开业，被称为“服装的教堂”。1977 年关闭。

TWO TROUSER SUITS
THOSE CRAZY
DICK

凡尔赛

1973 年，美国设计师在法国凡尔赛宫一个历史性时装秀上确立了其在全球时尚界的地位。他们在欧洲人的地盘上挑战了欧洲设计的垄断地位。这 5 名受邀参展的纽约设计师——比尔·布拉斯、斯蒂芬·伯罗斯（Stephen Burrows）、奥斯卡·德·拉·伦塔（Oscar de la Renta）、豪斯顿（Halston）和安妮·克莱恩（Anne Klein）——震撼全场，并且让法国人心悦诚服。法国人不仅赞赏美国人的设计，也夸奖包括非裔美国人在内的模特。他们身着黑人设计师斯蒂芬·伯罗斯的作品在 T 台上昂首阔步，自信潇洒，令在场的每一位观众为之倾倒。

下页图 安妮·克莱恩裤装。1972 年 10 月 3 日在纽约一家消防站为模特拍摄。

媒体之都

时代广场＝纽约时报；先驱广场＝纽约先驱报；麦迪逊大道＝广告。纽约，美国媒体之都的风景满是新闻和媒体的历史。但在有时代广场、先驱广场或麦迪逊大道的广告业之前，还有另外一个媒体中心：报纸街（Newspaper Row）。它顺着市政厅公园（City Hall Park）东侧延伸，有五个街区的长度。在19世纪40年代纽约报业兴起时，几十家出版商和印刷商在此设立店面，为重塑美国新闻业奋斗。

纽约最早的报纸是威廉·布拉德福德（William Bradford）于1725年创办的《纽约公报》（*New York Gazette*）；布拉德福德的前合伙人约翰·皮特·曾格（John Peter Zenger）创立了新报《纽约周刊》（*NewYork Weekly Journal*）并在1735年创造了历史：当年他受审，最终免于"煽动诽谤罪"的指控，此案推动建立了新闻自由的准则。纽约最著名的公民之一——亚历山大·汉密尔顿在1801年负责创办了如今仍在发行的《纽约晚邮报》。到了19世纪30年代"便士报"出现，报纸至此才真正成为纽约的一大行业。在那十年里，日报的数量飙升至35份，包括《先驱报》《太阳报》《论坛报》和《时报》，等等。

整个19世纪，城市不断扩张，不仅变得规模更大，而且还更加多元化，公众对新闻以及爆炸性新闻的兴趣随之增长。印刷技术快速发展，使用更复杂的图表和夸张，甚至是诱惑性的插图成为可能，这种手法有两个强大的拥护者：一个是匈牙利移民约瑟夫·普利策拥有的强劲媒体帝国，他在1883年收购了《纽约世界》

上图 出版商约瑟夫 · 普利策（Joseph Pulitzer），约 1900 年出生于匈牙利马可（Mako），在建立他的美国报纸帝国之前，他曾是一名德语报纸的记者。该报一直鼓吹激进的政治立法。他在遗嘱中拨款设立了一系列奖项：第一个普利策奖颁发于 1917 年。

THE TRIBUNE
VACATION HINT
EAST RIVER SAVINGS BANK
CANADA DRY
DAVEGA
CIGARS
THE FLORSHEIM SHOE
BAR

由贝伦尼斯·阿博特拍摄于1936年。百老汇、公园大道和钱伯斯街（Chambers Street）之间的土地现在被称为市政厅公园。该地从17世纪就存在，因传媒业闻名。从左至右：普利策大厦（Pulitzer Building）、论坛报大厦（Tribune Building）、时报大厦（Times Building）和波特大厦（Potter Building）。

（*New York World*）；另一个是来自加利福尼亚的老牌政治乐观主义者威廉·伦道夫·赫斯特（William Randolph Hearst），他的《晨报》（*Morning Journal*）及其他报纸因在支持 1898 年针对西班牙的战争中挑起了美国人的情绪而受到赞扬。这种所谓的“黄色新闻”（yellow journalism）迎合了大众口味，倡导社会改革，报道里掺杂着事实和夸大的成分。之后一批面向纽约专业市场热心读者的外语和政治报纸加入了他们的阵营。

到了 20 世纪中叶，曼哈顿每天都有十多种英文报纸发行，硬汉记者们已经成为纽约的一种“典型”。但新型媒体的问世——也在纽约——改变了一切。由美国电话电报公司（Telephone & Telegraph Company，简称 AT & T）在 20 世纪 20 年代率先推出的电视到 20 世纪 30 年代末已经成为一个消费项目，早期播报了包括在皇后区新落成的法拉盛草场举办的 1939 年世界博览会（World's Fair）和同年的大学棒球比赛。不久，四家电视网——美国广播公司（ABC）、哥伦比亚广播公司（CBS）、美国全国广播公司（NBC）和杜蒙特（DuMont）在纽约落地，他们在全国范围内进行直播节目的演播室也大多位于纽约。

下页图 未来的电影导演斯坦利·库布里克（Stanley Kubrick）为 *LOOK* 杂志拍这张照片时年仅 18 岁。照片拍摄于 1946 年，当时美国第一家电视网——杜蒙特开始运作并有了两个电视台。其创始人艾伦·B. 杜蒙特（Alan B. DuMont）于 1931 年在纽约创立了他的第一个试播台，这张照片记录了杜蒙特电视台在沃纳梅克（Wanamaker）的百货商场进行现场直播的场景。该网于 1955 年关闭。

电视真正打开了纽约另一种产业时代的大门——广告业。数十年里，纽约的报纸、街头和电台到处充斥着广告，但新型媒体释放出了新的创作潜力和盈利机遇。21 世纪的电视连续剧《广告狂人》（*Mad Men*）使 20 世纪 60 年代那个时代长存——巨头多伊尔·戴恩·伯恩巴克（Doyle Dane Bernbach）、奥美（Ogilvy & Mather）以及扬罗必凯（Young & Rubicam）等麦迪逊大道的广告公司，推出了一系列创意活动，在美国的文化和消费主义中留下了印记。他们的知名广告有大众汽车制造商的“想想小的好处”（Think Small）和纽约面包店的“不必是犹太人，照样爱吃 Levy 面包”（You Don't Have to Be Jewish to Love Levy's）。这些作品不仅帮助广告发展成为大行业，同时也使它成为 20 世纪经典的艺术形式。

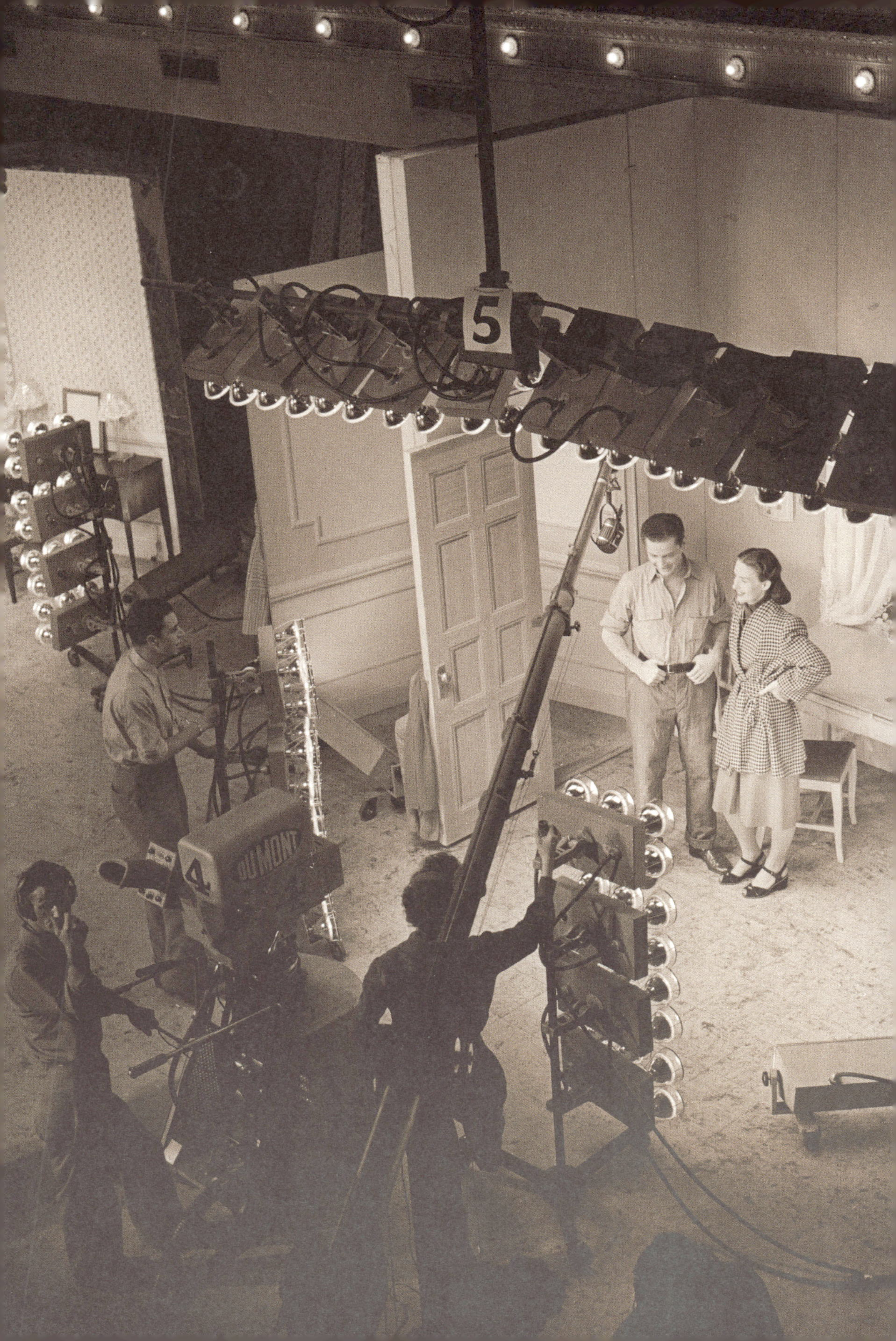
5
DUMONT
4

传奇广告

1901年，“他主人的声音”（His master's voice），维克多语音机器有限公司（Victor Talking Machine Co.）弗朗西斯·巴罗（Francis Barraud）出品。广告中有一只猎狐犬，这则广告成为全球性的典范。

1929年，可口可乐：“享受清新一刻”（The pause that refreshes），达西有限公司（D'Arcy Co.）出品。这个标志性的广告将可口可乐描绘为“日常生活中的愉快插曲”。

1949年，“我梦见我穿着媚登峰胸罩去逛街”（I dreamed I went shopping in my Maidenform bra），媚登峰（Maidenform）、诺曼（Norman）、克雷格 & 库梅尔（Craig & Kunnel）出品。该广告在当时属于大尺度，因为广告中有一个半裸的女人在梦中陶醉于自己的内衣。

1973年，“我选我味”（Have it your way），由汉堡王（Burger King）出品。这个广告和口号旨在突出汉堡王口味的“灵活性”。

1951年，“穿哈撒韦衬衫的男人”（The man in the Hathaway shirt），哈撒韦衬衫、休伊特（Hewitt）、奥格威（Ogilvy）、本森马瑟（Benson & Mather）出品。这个神秘广告系列在《纽约客》首发只花了3176美元。那周结束时，哈撒韦衬衫被抢购一空。

1957年，“是她？……或者不是她？”（Does she...or doesn't she？）伊卡璐（Clairol）、富特（Foote）、科恩 & 贝尔丁（Cone & Belding）出品。由雪莉·波利科夫（Shirley Polykoff）—— 一位来自布鲁克林的母亲执笔，这个令人浮想联翩的广告使其销售额六年增长了413%。

上图 由乔恩·哈姆（Jon Hamm）和约翰·斯莱特里（John Slattery）主演的热播电视剧《广告狂人》（第一季，2007 年）的剧照。该剧讲述了纽约麦迪逊大道广告界 20 世纪 50 年代以来自信潇洒的生活方式和习俗。

纽约的至善与至勇

在新阿姆斯特丹制定城市宪章五年后的1658年，总督皮鲁斯·司徒维桑特采取正式措施以应对面向公众安全的威胁。他确定实施“拨浪鼓式巡逻”（Rattle Watch），由八名市民组成，每晚九点巡街至晨鼓敲响，任何街角都要做到一小时一报时并且随时要防火。1664年英国控制该地之后，军事看守取代了“拨浪鼓式巡逻”。随后几年，军民看守相继盛行。

下页图 1842 年在下曼哈顿臭名昭著的墓葬监狱（Tombs）发生的大火。约翰·C. 柯尔特（John C. Colt）——左轮手枪的发明者塞缪尔·柯尔特（Samuel Colt）的兄弟，被判谋杀罪并定于 1842 年 11 月 18 日在成立了 7 年的城市监狱执行死刑。绞刑前一天，他同女友结婚，并先于行刑人员，用刀刺向自己的心脏，自行了断。令人疑惑的是，在随后的自杀调查中，一盏灯或蜡烛被碰倒，引发了大火，导致建筑的屋顶钟形小阁和部分屋顶损坏。

直到19世纪为止，消防问题一直是比犯罪更显著的问题。新阿姆斯特丹和早期英国殖民时期的消防员人数明显不足。该市于1731年从英国订购了第一辆消防车：该车由理查德·纽沙姆（Richard Newsham）发明，带有一台鹅颈手动泵和一个木箱，需要一队消防人员把水箱装满。七八个人合力控制着水箱一侧的闸，使水通过气泵进入连着喷嘴的鹅颈，这样喷水的高度比水桶洒水要高。手泵由人力拉动，而不是马。因为需要很多男人，该市在1737年成立了第一个志愿消防队。纽约最富有和最著名的市民认为能为消防公司工作是一种荣誉，勇敢的消防队员的浪漫传说更是成为传奇故事和音乐的素材。

曼哈顿著名的第14街“棋盘式街道布局计划”（grid plan）于1811年开始执行，部分原因是防止火灾在狭窄弯曲的街道蔓延，以及方便日后建设。该规划又称委员计划（Commissioners' Plan），是纽约州倡议规范曼哈顿大街小巷的产物。1835年12月

上图 纽约市警察，拍摄于 1891 年。

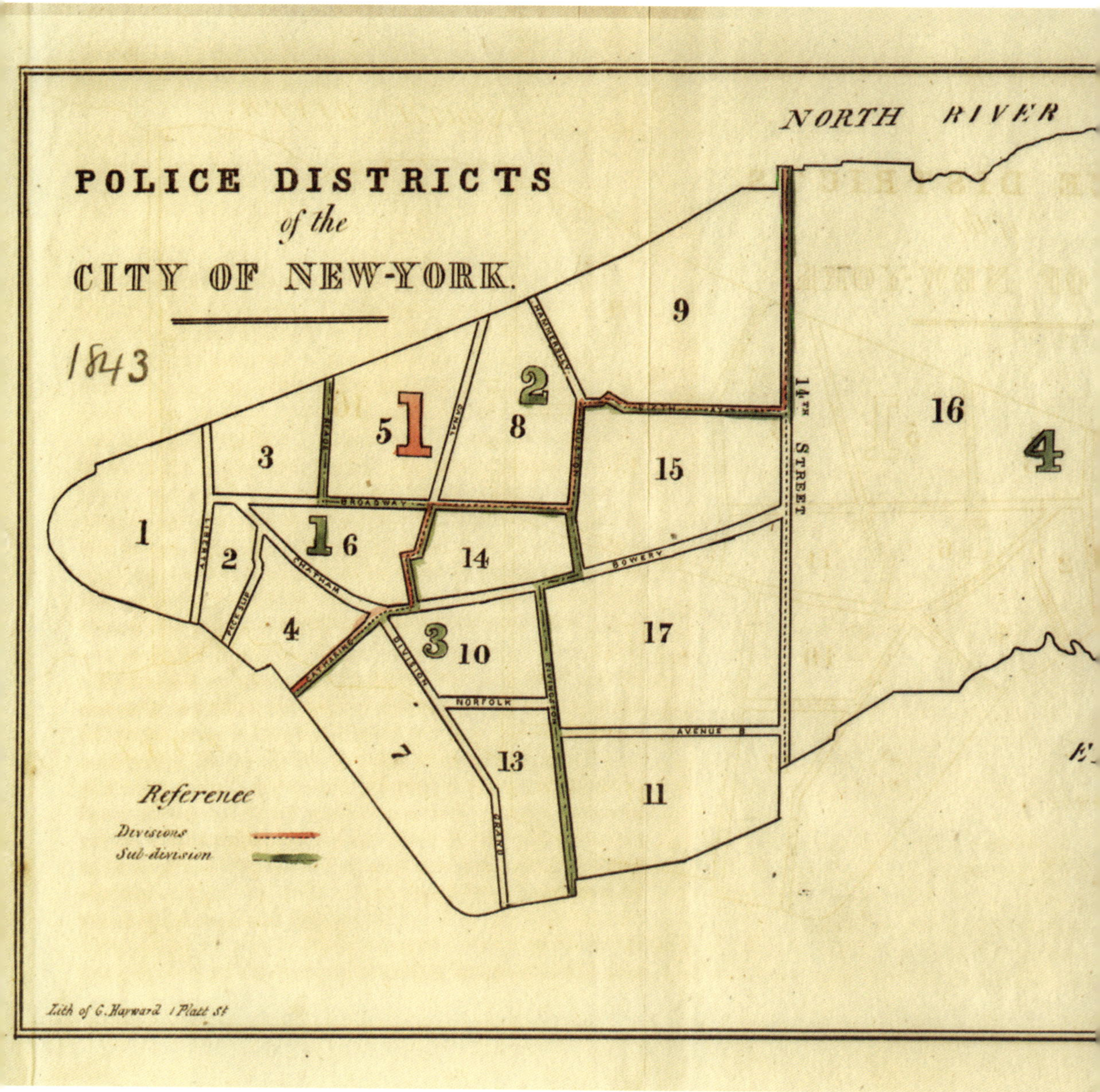

上图 需要注意的是，在这幅绘于约 1843 年的警用地图中，当时纽约市北边是下曼哈顿第 14 街。当时，市政府官员正在努力重组警察部队并使其专业化。两年后的 1845 年，市长威廉·F. 哈弗迈耶(William F.Havemeyer)建立了 800 人的“全天候”(Day and Night)警察部队，并授予了他们星型徽章。

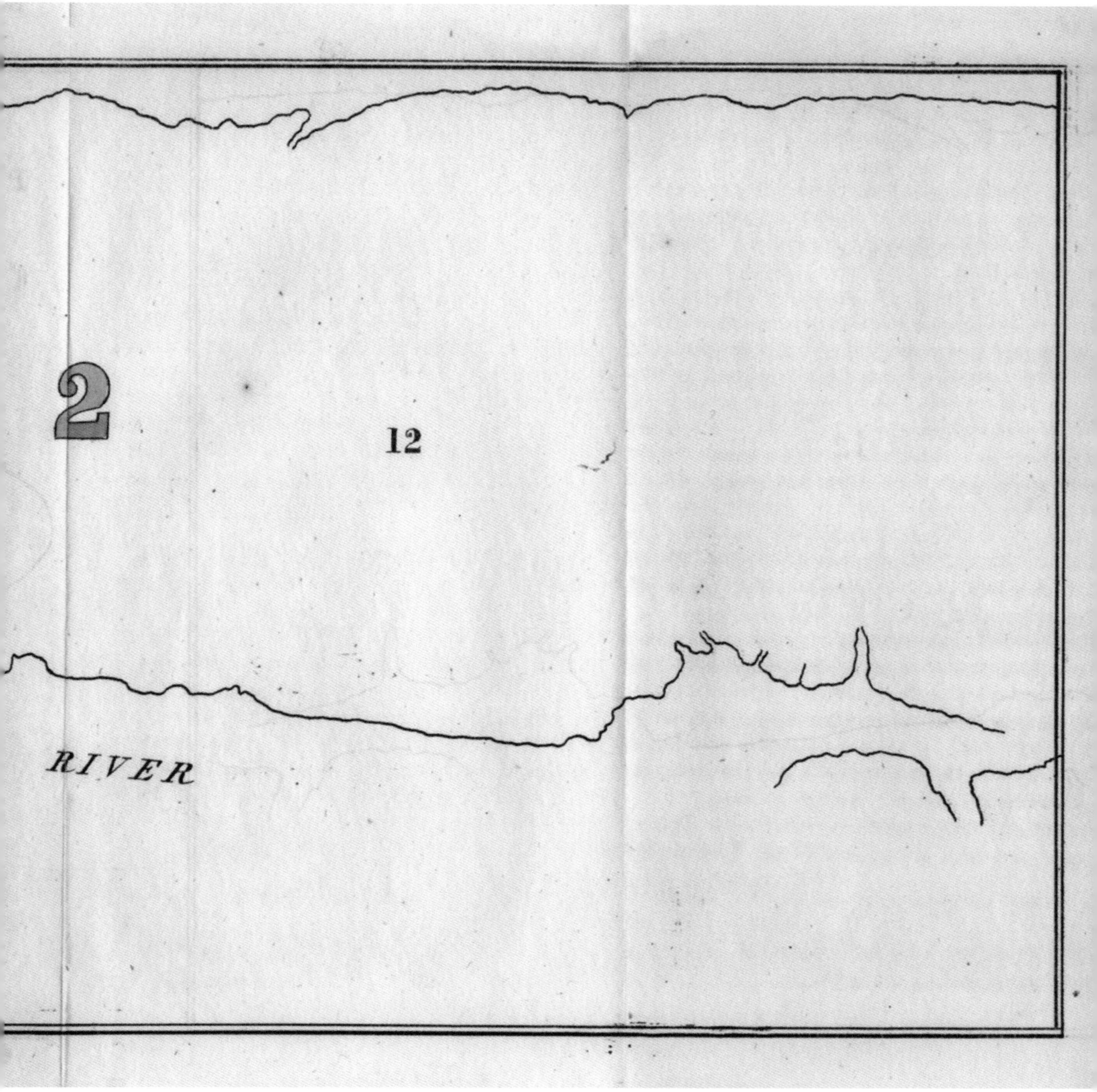
2
12
RIVER

人们在故事、歌曲及印刷品中称赞本市志愿消防公司。柯里尔&艾夫斯公司1858年发行了《美国消防员》（*The American Fireman*）系列，副标题有“紧急救援”和“时刻准备着”。该图描绘了一个消防队长手拿铜号，提高声音向队员们下达命令的情形。

16日和17日发生的特大火灾极大暴露了对这种街道布局进行规划的迫切需要。这场火灾造成了纽约市有史以来最为严重的财产损失，20多个街区的674座建筑物被烧毁。

大火灾发生后，重组志愿消防部门和引进有偿消防部队的呼声很高。但是30年来，4000个政治影响力很强又不羁的志愿消防公司成功地阻止了这种变化。

到了19世纪中叶，消防企业事实也成了由工薪阶层男性组成的社交和政治俱乐部。例如威廉·M.特威德（William M. Tweed），身为坦慕尼协会（Tammany Hall）、民主党（Democratic）政治俱乐部的著名“老板”，实际上是在1850年当选阿梅里克斯（Americus）“六巨头”发动机公司的工头后开始其职业生涯的（该发动机的油箱装饰着咆哮着的老虎头，政治漫画家托马斯·纳斯特最终把它定为坦慕尼协会的象征）。直到1865年，马拉蒸汽消防车的引进终结了纽约市的志愿消防队时代。新的大都会消防队在从曼哈顿到布鲁克林的各个消防站部署了700名带薪消防员，取代了之前的志愿者。20世纪20年代第一批机动消防车投入使用；马拉消防车最后一次派上用场是在1922年。

与此同时，犯罪率飙升但是程度不那么严重。纽约市在1783年建立了警察部队来应对美国独立战争后的混乱，1800年行政机构也已经就位。到了1818年，纽约市市长卡德瓦拉德·科尔登（Cadwallader Colden）报告还称纽约犯罪率低且违法情节轻微。但大量涌入的移民，不断增长的贫富差距以及帮派的兴起使得犯罪势力在19世纪20年代开始抬头。整个19世纪30年代，骚乱威胁着城市，显现出警务系统的不足以及改革的急切。1845年的《市政警察法》（*Municipal Police Act*）使纽约市市长掌握大权，第一次组建了伦敦风格的警察部队（由专职工作人员组成，配备防暴设备）。

这支部队很快便深陷由新增人口引发的紧张局势，临时收容

上图 在这份 1787 年消防员的任命证书底部有一个圆形图章，上面印有当时的鹅颈手泵消防车。这种消防车由英国人理查德 · 纽沙姆发明，其使用促成了 1737 年纽约第一支志愿消防队的建设。

所和资助金分布不均，还存在腐败问题。1857年，纽约州立法机构宣布，该市过于腐败，无法实现自治，由此根据《市政警察法》将警察保护的责任从市政权转移到州政权。纽约市市长费尔南多·伍德（Fernando Wood）抵制纽约州的控制，一时间市里部署了反叛部队。最终州政府在法庭上占了上风。城市警察部队在平息1863年的征兵暴动（Draft Riot）中表现突出，但战后城市内士气低落，犯罪增加，警察却未能实现行政稳定并得到公正认可，最终走向消亡。1870年城市警察被废止，由本市控制的警察局取代了其职能。

犯罪率在随后几年起起落落，与纽约市警察局（New York City Police Department，简称NYPD）的腐败程度有着直接关系，19世纪90年代贪污腐败尤其猖獗，而警察局却自称是“纽约最佳”（New York's Finest）。1895年，改革派市长威廉·L.斯特朗（William L. Strong）任命西奥多·罗斯福（Theodore Roosevelt）为警察局长。罗斯福着手清除腐败领导，整顿纪律，提高效率，强行关闭周末的沙龙。他还与改革派记者和摄影师雅各布·里斯在夜间巡逻检查。

20世纪，纽约警察部队进一步专业化。尽管腐败指控出现在关键时期——尤其是20世纪20年代和70年代实行禁酒令时期——市政府和州政府官员依然实施了改革。在20世纪60—70年代，纽约市市长约翰·林赛扩大警察队伍，允许民众投诉官员（并未成功），并执行有争议的民警限制政策。纽约市市长大卫·丁金斯（David Dinkins）也扩充警力使得犯罪率开始回落。在其继任者鲁道夫·朱利亚尼在任时，犯罪率急剧下降。鲁道夫·朱利亚尼注重打击影响生活质量的犯罪，但因为警察过度执法甚至暴力执法，引起了紧张局势。纽约市警察局不断改善与社区的关系，表征着其所负责保护的城市，同时继续努力应对21世纪担当“纽约最佳”的复杂新挑战。

2001 年 9 月 11 日世贸中心被毁之后，一名救援人员在“归零地”（Ground Zero）废墟中搜救。因在灾难那一天的英勇表现，消防员和救援人员成为广受敬仰的英雄。

9·11事件中的英雄主义

2001年9月11日清晨，美国航空11号航班撞向世贸中心北塔后，纽约市消防队（New York City Fire Department，FDNY）及纽约警察局工作人员迅速采取行动。他们不顾个人安危，解救被困人员。那一天，23名纽约警察、37名港口警察以及343名消防员壮烈牺牲——其中包括五个行政区的应急部门的成员。截至那一天，纽约历史上共有大约800名纽约市消防队及其前身大都会消防队成员因公殉职。

引发轰动

“如果你在这里能取得成功，那么你在任何地方都能取得成功”这句话可能是老生常谈，但它却成为一代又一代想要在纽约发迹的演员、演说家、政客等人的魔咒。

纽约强有力地聚集了金钱、剧院、社交圈和媒体，为获取世界“头条”创造了极为有利的条件。各种“名”与“利”层出不穷——有时也受到考验或被摧毁——一切都发生在这个城市的聚光灯下。

早在19世纪，纽约就已经成为各种权贵显要的必访之地，纽约人也开始得体的迎接他们。其中来访的名人有美国独立战争中做出重要贡献的法国英雄马贵斯·拉法叶侯爵，1824年他归来之时，人们举行游行、舞会、酒会和宴会，并燃放烟花爆竹进行庆祝。威尔士亲王（Prince of Wales）于1860年受到了同样热情的接待。内战前期最盛大的接待仪式可能是1860年为首个访问西方的日本代表团所举办的欢迎仪式。在两周内，纽约人举行了一系列的游行、舞会和正式参观来招待来自大洋彼岸的贵客。大使及其绰号“汤米”的青年翻译，一时成为名人，一举一动都受到媒体的关注。在19世纪后期开始流行的游行从百老汇下区向上，通过今天所谓的英雄峡谷（Canyon of Heroes），证券报价机的纸条撒得到处都是（后来，因为证券报价机退出历史舞台，人们用五彩纸屑代替了报价机纸条）。获此殊荣的还有阿尔伯特·爱因斯坦（Albert Einstein，

1921 年）、查尔斯·林德伯格（Charles Lindbergh，1927 年）、阿波罗 11 号的宇航员（1969 年）、教皇约翰·保罗二世（Pope John Paul II，1979 年）、纳尔逊·曼德拉（Nelson Mandela，1990 年）和无数的冠军运动员及退伍军人。

当然，纽约媒体作为城市的宣传机器，其实力不容小觑。经理人弗洛伦兹·齐格飞（Florenz Ziegfeld）明白，为塑造他新发现的明星（和情人）安娜·海德（Anna Held）的完美形象——在她 1896 年第一次踏上纽约的舞台之前——他向纽约媒体“透露”了他精心编造的有关她的故事。1850 年“瑞典夜莺”（Swedish Nightingale）珍妮·林德（Jenny Lind）在城堡花园剧院（Castle Garden Theater）做预演时，人们对她的兴趣已经上升到狂热，然而在策划本次巡演的 P.T. 巴纳姆（P. T. Barnum）向纽约媒体“透露”消息之前，很少有美国人听说过她。100 年后，甲壳虫乐队（Beatles）在纽约的《埃德·沙利文脱口秀》（*Ed Sullivan Show*）创造了传奇。鉴于纽约媒体覆盖全国，特别是在 20 世纪，难怪明星们试图在纽约市登台演出，以确保其在业界的地位。

再就是纽约社交圈的传奇。早在 19 世纪 40 年代，《纽约太阳报》的出版商摩西·耶鲁·比奇（Moses Yale Beach）就开始公开评选该市的“新兴家族”和“衰落家族”，他每年都会发布纽约市年度最富有家族名单。自从政客约翰·乔伊（John Jay）的妻子莎拉·利文斯顿·乔伊（Sarah Livingston Jay）成了城市的传奇女主人，社交季的各大聚会就接连不断。在拉法叶舞会（Lafayette Ball，1824 年）、威尔士亲王舞会（Prince of Wales Ball，1860 年），或着装奢华的布拉德利·马丁舞会（Bradley Martin Ball，1897 年）这些标志性的社交活动中，宾客名单发布后往往能引发全国关注。南北战争结束后，工业革命所产生的财富成就了一批新贵；但是，有时这些“新”家族发现自己被占有统治地位的纽约旧族拒之门

上图 1969 年 8 月 3 日，五彩纸屑和纸条倾撒在阿波罗 11 号宇航员们的身上。图中他们正在参加从百老汇到市政厅的游行，庆祝上个月宇宙飞船登月成功。

1850 年 9 月 11 日珍妮·林德在美国首次亮相，纽约人蜂拥至城堡花园剧院，一睹“瑞典夜莺”的风采。这名著名歌剧演员的经纪人 P.T. 巴纳姆称门票收入高达 26238 美元，将捐赠给慈善机构。两天后的晚上，林德在城堡花园又进行了一场义演，之后相继在全国举办了 91 场演唱会。

The Bradley Martin Ball

科妮莉亚·谢尔曼·马丁（Cornelia Sherman Martin）和布拉德利·马丁（Bradley Martin）是娱乐名流。1897年2月10日，他们在沃尔多夫－阿斯托里亚酒店（Waldorf-Astoria）举办主题为16、17、18世纪的化装舞会，希望借此刺激低迷的地方经济。但他们因铺张浪费饱受批评。

外。律师和社会名人塞缪尔·沃德·麦卡利斯特（Samuel Ward McAllister），为名媛威廉·阿斯特（William Astor）小姐精心准备了一份他称之为“四百”（The Four Hundred）的宾客名单，让这些富贾方便参加更加奢侈的聚会，从而获得上报纸的机会。重大社交活动的传统因为19世纪的流逝和20世纪更美观和更多样化的咖啡社交的出现而渐渐消退，但它时不时地体现在极受媒体关注的事件中，如1966年在广场酒店大舞厅（Grand Ballroom of the Plaza Hotel）进行的杜鲁门·卡波特（Truman Capote）的炫目的黑白舞会（Black and White Ball）。

然而真正大放异彩的还是明星们。正如E.B.怀特写道，纽约人有很多种，但最重要的是那些到此“祈求幸运的人”。很多人都在这个“不夜城”声名鹊起，经久不息；艺术家安迪·沃霍尔（Andy Warhol）生动地证明了在这个城市中可以获得远远超过15分钟的名声；拳击手休格·雷·罗宾森（Sugar Ray Robinson）和他醒目的粉色凯迪拉克；从“钻石”吉姆·布雷迪（Jim Brady）到梅·韦斯特（Mae West）和P.迪迪（P. Diddy）等时尚达人。一天结束的时候，在这个城市，任何想要为自己博得一席之地的人似乎都能获得名声。毕竟，再没有比时代广场更合适的地方让人穿着内衣、戴着牛仔帽弹吉他，就像是赤身牛仔（Naked Cowboy）的那些日常，他正是借此成为众多利用纽约让自己出名的纽约客中的一员。

下页图 伊芙琳·内斯比特照片。阿诺德·根特（Arnold Genthe）拍摄于1916年，此时距“世纪犯罪”（crime of the century）、伊芙琳·内斯比特的前恋人斯坦福德·怀特被射杀已有十年之久。

伊芙琳·内斯比特

有些名流会经历意想不到的转折。1906 年 6 月 25 日，纽约发生了一起恶名远扬的谋杀案，这个案件涉及一个广告女郎、一个百万富翁以及一个当时非常有名的建筑师之间的三角恋。伊芙琳·内斯比特（Evelyn Nesbit）因在《红丝绒秋千上的女郎》（*Girl on the Red Velvet Swing*）中的诱惑表演而出名，然后嫁给了百万富翁哈利·梭（Harry Thaw）。但是，当哈利·梭得知妻子早年与建筑师斯坦福德·怀特（设计摩根图书馆、中央车站和宾夕法尼亚车站的建筑师）有不正当关系时，他醋意大发找到了斯坦福德·怀特，并且近距离朝他开了三枪。哈利·梭后来辩解说当时犯有精神病，并多次企图逃脱。最终，他被认为患有精神疾病并被无罪释放。伊芙琳·内斯比特就没有那么幸运了，她多次企图自杀和离婚。与哈利·梭和解失败后她终生都在为戒酒和复出努力。

文化机构

如今，纽约有150多家博物馆，从爱丽斯·奥斯丁之家（Alice Austen House）到叶史瓦大学博物馆（Yeshiva University Museum），其中包括了一些世界上最伟大的文化机构。该市许多久负盛名的博物馆吸引了世界各地的人前来体验艺术、文化、历史、科学和世界自然历史，而这些博物馆的建造事迹，则是后来一小拨人所做的。

美国独立后不久，早期先是由个人创办文化场所。纽约现存最古老的博物馆是纽约历史协会（New-York Historical Society）。它建于1804年，创始人旨在保护殖民地和革命时期的历史，防止记录和回忆湮灭在城市发展进程中。它联合国家设计学院（1826年）和昙花一现的自然历史学院（Lyceum of Natural History，1817年）开启了收集塑造城市文化和智慧品格藏品的重要进程。然而，在19世纪，纽约许多“博物馆”和全国其他地方的博物馆大同小异，文物珍品鱼龙混杂。其中，最有名的“硬币博物馆”（dime museums）正是由菲尼亚斯·泰勒·巴纳姆运营的。1841年，也就是世界首个能同时演出三台节目的大马戏场建立的30年前，巴纳姆在下曼哈顿建造了美国博物馆。他的博物馆举办“大拇指汤姆将军”（General Tom Thumb）和珍妮·林德（“瑞典夜莺”）的演出，也借展示“斐济美人鱼”（Feejee Mermaid）的噱头吸引欺骗观众，并展览来自世界各地的科技发明和文物。

纽约市文化生活的分水岭就发生在南北战争之后。在 19 世纪的最后 30 多年里，纽约的一群公民领袖宣称纽约需要打造世界级的文化生活，如此才能匹配其不断增长的经济实力和真正国际化都市的地位。精力充沛又能干的安德鲁·哈斯维尔·格林决心让纽约摆脱文化落后的名声，他得到了在战争中及战后积累了大量财富的纽约工业家们的资助，雷厉风行地在中央公园外围为美国自然历史博物馆（American Museum of the Natural History，1869 年）和大都会艺术博物馆（1880 年）选址建楼。布鲁克林不甘落后，在东公园路（Eastern Parkway）兴建了新布鲁克林研究院（Brooklyn Institute，1897 年，现在是布鲁克林博物馆），斯塔滕岛在同一时期建造了斯塔滕岛艺术与科学研究院（Staten Island Institute of Arts and Science，1881 年）。

20 世纪纽约经历了巨大的转型，随着一大批文化研究院所的兴建，纽约变成了一座现代的多元文化城市。为了顺应移民和发展重塑纽约的潮流，纽约市立博物馆（1923 年）的创办方为自己制定了一个双重目标：向新移民宣传纽约，同时保护纽约的历史。对于那些因为城市发展而要被拆除的历史建筑，博物馆尤其注重保护室内的陈设。作为美国首个专门研究单一城市的博物馆，该馆收藏了大量的照片、影印资料、画作、戏服、艺术品以及剧院纪念物，因此很快成为关乎纽约人民、政治和建筑环境的保存库。

两次世界大战期间，研究院所展览不断，同时也促进了现当代艺术的发展。现代艺术博物馆（1929 年）、惠特尼美国艺术博物馆（Whitney Museum of American Art，1930 年）、抽象绘画博

PORTER.
AMERICAN MUSEUM.
FOUNDED 1810
CHEAPEST SHIRT
CLEAN SHIRTS
PUBLISHERS & Dealers in Cheap PUBLICATION
TERRAPIN LUNCH

在该场景中，菲尼亚斯·泰勒·巴纳姆（Phineas Taylor Barnum）的美国博物馆（American Museum）非常抢眼。1841 年，他购买了位于百老汇的斯卡德美国博物馆（Scudder’s American Museum），在生物和历史珍品展厅增设了一间讲堂、一个剧院和他自己所有的知名道具和物件。

Historical Museums

10 **THE AMERICAN NUMISMATIC SOCIETY**
Broadway between 155th and 156th Streets
COINS, medals and decorations of all countries and periods, emphasis being placed on those of the United States. An exceptionally complete library.
Daily and Sundays 2-5. Free. (Library closed Sundays.)

4 **HALL OF FAME FOR GREAT AMERICANS**
New York University ... University Heights at 181st Street
AN open air colonnade honoring America's famous men and women who are commemorated by bronze tablets and portrait busts by contemporary American sculptors.
Daily, Sundays and holidays 8:30-dusk. Free.

11 **MUSEUM OF THE AMERICAN INDIAN**
Heye Foundation ... Broadway at 155th Street
COMPREHENSIVE collection pertaining to ethnology and archæology of the Indians from North, South and Central Americas and the West Indies. (*Stays open Summer 1939*).
Daily 2-5. Closed Sundays and holidays. Free.

14 **MUSEUM OF THE CITY OF NEW YORK**
Fifth Avenue at One Hundred and Fourth Street
THE aim of the Museum is to illustrate by means of exhibits the chronological development of the various phases of New York City life from earliest times to the present.
Daily 10-5; Sundays 1-5. Closed Tuesdays. Free except Mondays (25c).

13 **MUSEUM OF JEWISH CEREMONIAL AND HISTORICAL OBJECTS**
Jewish Theological Seminary of America, Broadway at 122nd Street
RELIGIOUS and ceremonial objects, historical documents, from Europe, Asia, Africa and America. Paintings, tapestries, embroideries. Illuminated manuscripts.
Daily and Sundays 10-5. Closed Fridays, Saturdays. Free.

13 **AMERICAN JEWISH HISTORICAL SOCIETY**
Broadway at One Hundred and Twenty-Second Street
RARE books, documents, portraits, objects of art illustrating the history of the Jews on the American continent.
Daily and Sundays 10-5. Closed Fridays, Saturdays. Free.

18 **THE NEW YORK HISTORICAL SOCIETY**
Central Park West, between Seventy-Sixth and Seventy-Seventh Streets
COLLECTIONS of American portraits, old New York views and relics, Folk Art, Audubon water colors of birds, Rogers group and European paintings.
Daily 10-5; Sundays and holidays, 1-5. Closed Mondays, New Year's Day, July Fourth, Thanksgiving and Christmas. Free.

34 **THE SUB-TREASURY MUSEUM**
Sub-Treasury Building ... Wall and Nassau Streets
WASHINGTON was inaugurated on this site. Exhibits are designed to re-create historical background of old New York.
Daily 10-4. Free.

37 **STATEN ISLAND HISTORICAL SOCIETY**
Court and Center Streets, Richmond, S. I.
COMMUNITY historical museum. Collections portray life of Staten Island—social, economic, political. Household articles and tools as well as finer material. Library.
Daily 9-5. Sundays and holidays 2-5. Free.

Science Museums

9 **AMERICAN GEOGRAPHICAL SOCIETY**
Broadway at One Hundred and Fifty-Sixth Street
SPECIAL exhibiton of rare and unusual maps open to the public 2-5 every day except Mondays and Thursdays.
Library and map room open to qualified consultants daily 9-4:45. Closed Sundays and holidays. Free.

17 **THE AMERICAN MUSEUM OF NATURAL HISTORY**
Central Park West at Seventy-Ninth Street
ANIMALS of the plains and jungles of Asia and Africa—many in their natural environment. Finest collection of fossil reptiles in the world. Mastodons, mammoths. Exquisite jades, gems. Cultures of various races of man.
Daily 10-5; Sun., Jan. 1, Jul. 4, Thanksgiving, Christmas, 1-5. Free.

38 **THE BROOKLYN CHILDREN'S MUSEUM**
Brooklyn Avenue and Park Place
SUPERVISED recreational and school education in natural sciences, history, geography and crafts, utilizing exhibits, libraries, studios, work shops and field trips.
Daily 10-5; Sundays 2-5. Free.

17 **HAYDEN PLANETARIUM**
Central Park West at Eighty-First Street
"IN the Planetarium, the Theater of the Stars, the stage is the whole of creation, the actors the bright celestial objects of vast, even inconceivable, space and time."
Performances (to Nov. 1, 1939): Weekdays, hol. 11, 1-5, 8, 9. Sun. 2-5, 8, 9. Adults, 25c morning and afternoon; 35c evening; Children 15c.

22 **NEW YORK MUSEUM OF SCIENCE AND INDUSTRY**
RCA Building ... Rockefeller Center
SCIENCE in action. The marvels of electricity; wonders of modern communication and transportation; progress of mankind in housing, food, textiles, machinery, power; shown in exhibits most of which the visitor may operate.
Daily and Sundays 10-10. Adults 25c, Children 10c.

37 **STATEN ISLAND INSTITUTE OF ARTS AND SCIENCES**
Stuyvesant Place and Wall Street, St. George, S. I.
COLLECTIONS relating especially to Staten Island. Plants, animals, minerals, Indian relics, genealogical records, art exhibits, reference library.
Daily 10-5; Sundays 2-5. Free.

Issued July 1939
The above information is subject to change without notice.

上图 该指南由纽约市博物馆委员会（Museums Council of New York City）出版于1939年，该组织现今仍然存在。指南罗列了44家博物馆、历史建筑、动植物园和水族馆。所有列出的博物馆和历史建筑均不对少数民族或信教群众开放，甚至也不对纽约平民开放。

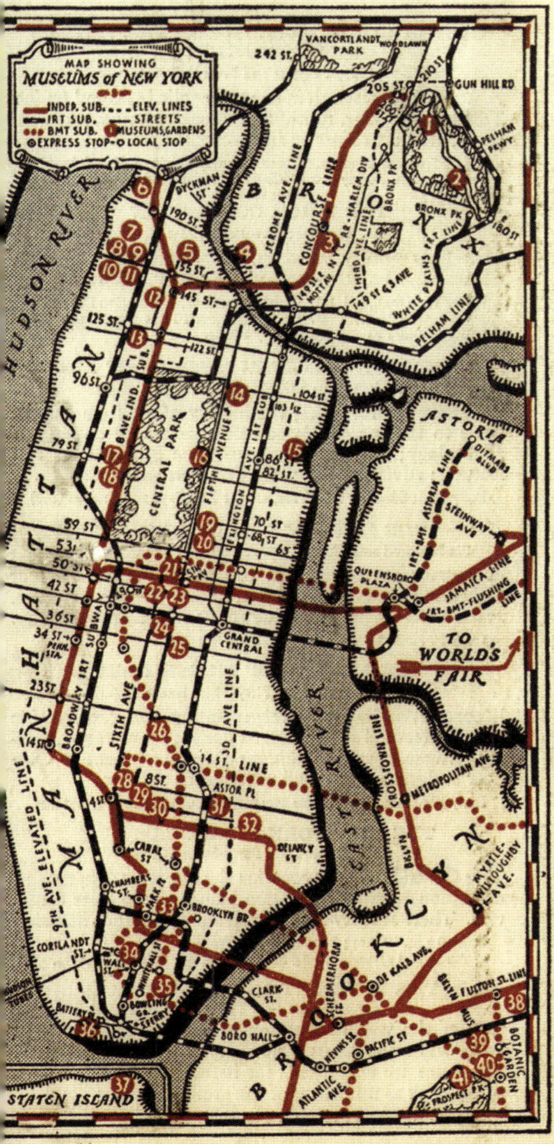

:018:ENV4

MUSEUMS

OF NEW YORK

Including

HISTORIC HOUSES, BOTANICAL AND ZOOLOGICAL GARDENS *and* THE AQUARIUM

These museums offer opportunity for recreation, for study, for pleasure, and for greater understanding of the world in which we live.

MUSEUMS COUNCIL OF NEW YORK CITY

Secretary's Office:

NEW YORK MUSEUM OF SCIENCE AND INDUSTRY

R. C. A. BUILDING . . . ROCKEFELLER CENTER

上图和下页图 两张美国自然历史博物馆的照片，该馆位于第 77 街，中央公园西边。博物馆成立于 1869 年，建筑建于 1874—1936 年。

YORK

物馆（Museum of Non-Objective Painting，1939年，现为所罗门·R.古根海姆博物馆 Solomon R. Guggenheim Museum）推动了纽约文化鉴赏氛围的形成。第二次世界大战后，历史保护不断发展，催生了一批历史博物馆的建立，如斯塔滕岛的里士满镇修复（Richmond Town Restoration，1958年）、皇后区的威科夫馆（Wyckoff House Museum，1967年）和斯塔滕岛的不冻港文化中心（Snug Harbor Cultural Center，1976年），等等。

20世纪中后期，大量艺术历史机构成立，反映出纽约市的多样化以及活力。犹太博物馆（Jewish Museum，1947年）、哈莱姆画室博物馆（1967年）、巴瑞奥博物馆（1969年）、美国华人博物馆（Museum of Chinese in America，1980年）以及下东区住宅博物馆（Lower East Side Tenement Museum，1988年）是一些针对不同民族的博物馆。PS1当代艺术博物馆（PS1 Contemporary Art Museum，1971年）、布朗克斯艺术博物馆（Bronx Museum of the Arts，1971年）、皇后区美术馆（Queens Museum，1972年）、当代艺术博物馆新馆（New Museum of Contemporary Art，1977年）等等也都反映了当代艺术的丰富性。

上页图 纽约市立博物馆由建筑师约瑟夫·福里兰德（Joseph Freedlander）设计，带有格鲁吉亚殖民地豪宅的风格。馆址位于第五大道第103街和第104街之间，靠近纽约最新移民居住的东哈莱姆社区。博物馆的新馆于1932年向公众开放。

所罗门 · R. 古根海姆博物馆位于第五大道第 89 街，是由伟大的弗兰克 · 劳埃德 · 赖特设计，于 1959 年竣工。在该座标志性的螺旋建筑内，20 世纪及以后的现代杰作都以观众友好型的方式陈列。

美国惠特尼艺术博物馆，位于麦迪逊大道，临近第 75 街，专门展览 20 世纪和 21 世纪的美国艺术作品。

古根海姆博物馆

弗兰克·劳埃德·赖特（Frank Lloyd Wright）的受托项目造型经典，大胆脱俗，是他最可识别的建筑之一，也是第二次世界大战后的标志性建筑，该建筑位于第五大道纽约市立博物馆一英里处。1943年，所罗门·R.古根海姆委托赖特为他20世纪的艺术藏品设计一个常设建筑。赖特很快就采用了独特的理念，虽然它在未来15年会经受数次争论：白色，钢筋混凝土结构，盘旋向上，尺寸从底部向上增大，形成一个倒锥形。内部设置多层天庭，使得整个主展区内人们的视线非常开阔。螺旋缓坡道提供了相对完整的组合设施。该项目最初受到了批评，但后来成为美国建筑创新的象征。最有讽刺意味的是，赖特和古根海姆都未能看到它的竣工。

现代熔炉

纽约市人口超过 825 万，是美国现今人口最多的城市。实际上，如果把该市中的四个行政区视作独立的城市，它们都会位列美国十大人口城市。这些人都从哪里来？大部分来自国外。超过 300 万人，或者纽约市 37% 的人口都是在外国出生的。第一代和第二代纽约人加起来构成了纽约市大约三分之二的人口。

确实，经过将近一个世纪，人们才对纽约移民的增长速度有所认识（2010 年，纽约市的外国出生人口比 1910 年增长了 40%）。如果只是把今天移民的数量同过去作比较，如今移民的背景远比过去要多元。一个半世纪前，纽约的移民主要来自欧洲；如今他们来自世界各地——不少于 100 个国家，实际上，据 1990 年的数据，他们说超过 120 种语言，从亚美尼亚语（Armenian）到越南语（Vietnamese）。

这种多样性源于 20 世纪 60 年代美国移民法的重大改变，1965 年《哈特—赛勒法案》（*Hart-Cellar Act*）或《移民与国籍法》（*Immigration and Nationality Act*）解除了自 1924 年以来对移民的限制，并重新向来自各国的大量移民开放纽约门户，这一力度在纽约历史上前所未有。来自亚洲、拉丁美洲和加勒比地区的新移民人数很快超过了那些传统上的输出国。第二次世界大战后，继已经成为美国公民的波多黎各人后，多米尼加和其他拉美裔移民

已经构成了纽约移民的一大部分。25 年内，纽约的外国移民比例已经从 18%跃升至 39%。21 世纪，多国移民没有显示出减弱的迹象。

和过去一样，最新的移民往往在他们同胞落脚的居民区聚集。已经建立的“小德国”（Little Germany，称 Kleindeutschland 更好）和“小意大利”已经有了“小非洲”（Little Africa）做伴，更不必说那个“小斯里兰卡”（Little Sri Lanka，在斯塔滕岛上）。在该市不同的行政区里，皇后区非常显眼：几乎一半的居民是外国人，几十个街区住着一拨接一拨的中国人、海地人、阿拉伯人、墨西哥人、南美人以及南亚和东南亚人等，因此皇后区成为美国最多元化的地区。

但是皇后区并不是个例。每个行政区都有大量的一代和二代移民。该市讲西班牙语的人数极多，因此大多数非西班牙裔官员

上图 这张名为“汉字——运河街”（Chinese Writing—Canal Street）照片，由安德烈亚斯·法宁格（Andreas Feininger）拍摄于1981年，当时的运河街是公认的唐人街的北边界。今天，用汉语和越南语、马来语以及许多其他亚洲语书写的标语在整个“小意大利”和下东区随处可见。曼哈顿唐人街是在美国中国人最多的地方，但布鲁克林和皇后区也有新唐人街。

都会用一些西班牙语单词和短语来为自己的演讲增添趣味。在城市的公立学校——注册在校生人数达到 110 万，超过美国八个州的人口总和——各种文件，如登记表、报告卡和全系统警报通常都翻译成西班牙语、法语、德语、汉语、日语、乌尔都语（Urdu）、波斯语（Persian）、印地语（Hindi）、俄语、孟加拉语（Bengali）、海地克里奥尔语（Haitian Creole）、韩语和阿拉伯语。

这些人相处得怎么样呢？一般说来，非常好。纽约市的规模和种族多样性使得移民可以在种族区内找到安全感和归属感，并且也可以去不同的种族聚居地工作、上学，接触不同背景、经历的人。城市很大，足以容纳多种多样的亚文化。一些年轻的南亚裔纽约人——生于美国的印度人、巴基斯坦人、孟加拉人、斯里兰卡人和尼泊尔人，再加上所谓的二次或三次移民，如印地—加勒比人（Indo—Caribbeans）——共同创造了一种全新的身份：德西（Desi）——梵文，意思是“我国的”（of my country）。

当然，纽约的多元化探索并不总是一帆风顺的。虽然一个民族的群体通常能与另一个曾经是敌人的民族和平共处，但是在民族继承的过程中，尤其是刻意隐瞒民族的社群中——可能有冲突，尽管很少升级为暴力。同非纽约人一样，纽约人会把某些特性归为民族性——但就整体而言，纽约人欣赏移民的价值。

无论他们对某些群体有何感受，纽约人明白——从骨子里明白，可以这么说——这个城市的力量在于它吸引移民的能力，这些移民勤劳，为城市带来了能量和创意，他们开办小企业，通过长时间工作为子女创造更加优越的生活条件，送孩子接受教育，缴税，行使投票权，成为“美国梦”的一分子。纽约市官方甚至每年 4 月举办“移民历史周”（Immigrant History Week），纪念其文化遗产。这一活动由纽约市市长迈克尔·R. 布隆伯格（Michael R. Bloomberg）于 2004 年发起，他是宣传该市移民历史最有力的人员之一。

上图 2009 年 8 月 9 日，成千上万的多米尼加裔美国人在纽约第六大道举行第 27 个年度多米尼加独立日游行（Annual Dominican Independence Day Parade）活动。在这一年一度的节日里，彩旗飘扬，到处洋溢着文化自豪感。

民族报纸

纽约的媒体市场不仅是世界上规模最大的，而且也是最多样化的市场之一。今天，有 42 种语言的日报出版发行，纽约的民族刊物包括 300 种杂志和报纸。纽约发行量最大的西班牙语日报——《厄尔尼诺每日新闻报》（*El Diario La Prensa*，1963）是美国历史最久的西语报。《犹太前进日报》（*Jewish Daily Forward*）创刊于 1897 年，是犹太—美国报，意第绪语和英语双语发行。1909 年，詹姆斯·亨利·安德森（James Henry Anderson）在哈莱姆区创办了非洲裔美国人周刊——《纽约阿姆斯特丹新闻》（*New York Amsterdam News*），该报发行至今。其他许多报纸面向城市里的韩国、波兰和希腊社区发行，也有一些报纸定位于纽约各种宗教团体。随着纽约的文化和种族群体数量的不断改变，相应出版物的数量也随之改变。

虽然早期阿拉伯国家的移民从 19 世纪晚期就到了纽约，但大规模的阿拉伯移民直到 1965 年《哈特—赛勒法案》出台后才出现。第二波移民有相当一部分都是穆斯林，但如今，在纽约的大多数阿拉伯人是基督教徒。他们大多数住在布鲁克林，集中在湾岭（Bay Ridge）社区。在 1999 年这张梅尔·罗森塔尔（Mel Rosenthal）拍摄于湾岭韦迪酒店（Widdi Catering Hall）一场巴勒斯坦婚礼的照片中，新娘和新郎坐在主桌，新郎的母亲试图让正在打闹的孩子不要碰到精心制作的婚礼蛋糕。

译后记

是什么成就了纽约这座伟大的城市?

我们来到这里，深入这座城市去揭开这个尘封心底多年的谜题。

机缘巧合，本书成为我们探寻与认识纽约的起点。

纽约是一个小“联合国”，“不同”是这个城市最外在的标签，各种语言、肤色、服饰、饮食抑或节日多姿多彩，从世界各地奔涌汇聚于此。

纽约也是一个大“共同体”，对多样存在的宽容、素不相识的善意、个体奋斗的崇尚以及油然而生的自豪，构建起这座城市的价值认同和文化主题，在“不同”中又形成了其内在“相同”。

独立、财富、乐土；百老汇、摩天楼、天际线；波希米亚、嘻哈文艺、T台时尚；艺术之城、媒体之都、黑暗世界；革命、民主、政治、文化、贸易——这座“现代熔炉”的绝世惊艳正在向我们慢慢地展开，尘封多年的谜题也在逐步揭开答案。

感谢纽约市立博物馆和莎拉·M.亨利副馆长的完美呈现，本书是这个城市成长历程和社会文化的忠实记录，它的“网格街道”，它的“街区冲突”；它的“至善至勇”，它的“黑暗世界”；它的“艺术时尚”，它的“名利场”；它的“媒体帝国”，它的“黄孩子”，在对立对抗中链接，在互生互融中涅槃；同时，它又超越了历史和现在，以一种面向未来的视野看待城市文明，将城市的规划与设计纳入服务思维和文化构建，继而指向实现社会化创新的宏伟蓝图，或许这也是中国未来城市设计与形象传播的关键。

作为中国人民大学“双一流”建设阶段性成果（中国人民大学马克思主义新闻观研究中心北京城市形象社会性传播设计研究课题成果，项目号为：RMXY2018C006），我们希望通过本书的翻译助益探究日常生活、文化形态、故事呈现与城市认知的关系，并由此寻求新时期北京城市形象社会性传播设计的路径和方法。亚文化的萌发、新生活的弥漫、现代主义艺术与设计的扩散、新城市视觉识别等，这些曾经塑造了美国现代城市的重要实践同样对中国城市设计产生了重要影响。此外，本书对纽约城市文化的全面梳理将为我们正确认识城市形象传播设计的社会语境，建构和发展以人为本、可持续、服务型、体验式的新型城市形象提供启示。

本书成书时，我们正在纽约，跨越大洋的工作交流与专业学习令我们获益良多，感谢国家留学基金委及所在单位给予我们的支持；也要感谢上海同济大学、北京创美工厂和纽约“WX&TC”艺术传播项目的同仁、专家在图书引进与翻译过程中给予的启示与帮助。

王树良 张玉兰

于纽约 哈德逊河畔

出 品 人：许 永
责任编辑：许宗华
特邀编辑：陶禹函
责任校对：雷存卿
装帧设计：海 云
版式设计：李双鑫
印制总监：蒋 波
发行总监：田峰峥

投稿信箱：cmsdbj@163.com
发 行：北京创美汇品图书有限公司
发行热线：010-59799930

创美工厂
微信公众平台

创美工厂
官方微博